초간편 기본회화!
Best Basic Conversation!

❶ 대답하는 법!   10
❷ 인사할 때!   12
❸ 자기소개 할 때!   14
❹ 부탁할 때!   16
❺ 감사의 인사!   18
❻ 전화, 약속!   20
❼ 사과를 할 때!   22
❽ 물어 볼 때!   24
❾ 날씨와 시간!   26
❿ 대화 표현들!   28

잠깐 여행정보!
환전 및 여행자 보험!   **30**

1. 출발전 준비!   31

❶ 항공권의 예약!   34
❷ 예약확인/취소/변경   36
✚ 항공권 관련 단어   38

contents
02

2. 출국수속! 39

❶ 보딩패스! 1.   42
❷ 보딩패스! 2.   44
❸ 탑승 및 승선!   46
✚ 탑승 관련 단어   48

3. 출발! 기내에서 49

❶ 기내 입구에서!   52   ❷ 기내식의 주문!   54
❸ 기내, 선상 쇼핑!   56   ❹ 기내 서비스!   58
❺ 신고서의 작성!   60   ❻ 기내에서의 대화! 62
✚ 기내 관련 단어들! 64

4. 목적지 도착! 65

❶ 입국심사대에서 1. 68   ❷ 입국심사대에서 2. 70
❸ 수하물 찾기!   72   ❹ 세관심사! 1.   74
❺ 세관심사! 2.   76   ❻ 공항의 환전소!   78
❼ 공항의 안내소!   80   ❽ 공항의 교통편!   82
✚ 입국 관련 단어들!   84

contents

5. 호텔의 이용! 87

❶ 체크인(예약시)　90　　❷ 체크인(미예약) 1. 92
❸ 체크인(미예약) 2. 94　　❹ 객실의 이용!　　96
❺ 프론트의 이용　98
❻ 체크아웃!　　　100
✚ 호텔 관련 단어들! 102
잠깐! 숙소 정보!　106

6. 식당과 요리 107

❶ 식당의 예약　　110
❷ 식당 입구에서!　112
❸ 식사의 주문!　　114
❹ 식사 중의 회화!　116
❺ 식사 후의 회화!　118
❻ 음식값의 계산!　120
✚ 식사 관련 단어들! 122
잠깐! 일본의 주점들　126

contents
04

7. 쇼핑용 회화! 127

❶ 쇼핑의 시작! 130
❷ 쇼핑 회화! 132
❸ 물건을 고를 때! 1. 134
❹ 물건을 고를 때! 2. 136
❺ 가격의 흥정! 138
❻ 포장과 배달! 140
✚ 쇼핑 관련 단어! 142

8. 우편, 전화, 은행! 151

❶ 우편물 보내기! 158 ❷ 소포 보내기! 160
❸ 기본 전화표현! 162 ❹ 공중전화 걸기! 164
❺ 메시지 남기기! 166 ❻ 국제전화 걸기! 168
❼ 은행의 이용! 170
❽ 잔돈 바꾸기! 172
✚ 우편/전화 관련 단어! 174
✚ 은행 관련 단어들! 176

9. 교통수단! 177

- ❶ 철도의 이용! 1. **182**
- ❷ 철도의 이용! 2. **184**
- ❸ 열차 안에서! **186**
- ❹ 지하철의 이용! **188**
- ❺ 버스의 이용! 1. **190**
- ❻ 버스의 이용! 2. **192**
- ❼ 택시의 이용! **194**
- ❽ 렌터카의 이용! **196**
- ❾ 선박의 이용! **198**
- ✚ 교통수단 관련 단어! **200**
- 잠깐! 교통 정보! **204**

10. 관광하기! 205

- ❶ 관광 안내소! **210**
- ❷ 볼거리 관광! **212**
- ❸ 버스로 관광하기! **214**
- ❹ 길을 물을 때! **216**
- ❺ 길을 잃었을 때! **218**
- ✚ 관광 관련 단어! **220**
- ❻ 공연물의 관람! **224**
- ❼ 공연물의 예매! **226**
- ❽ 나이트 클럽! **228**
- ❾ 스포츠 즐기기! **230**
- ❿ 사진찍기! **232**
- ✚ 오락 관련 단어! **234**

contents

11. 사고상황의 대처! 237

- ❶ 긴급상황 표현! 242
- ❷ 분실사고! 244
- ❸ 분실신고! 246
- ❹ 병원의 이용! 1. 248
- ❺ 병원의 이용! 2. 250
- ❻ 약국의 처방! 252
- ✚ 사고상황 관련 단어! 254

12. 귀국 준비! 257

- ❶ 귀국절차! 260
- ✚ 귀국절차 관련 단어! 262

[특별 부록]
비지니스 일어회화! 263

- ❶ 방문객을 맞을 때! 266
- ❷ 인사할 때! 268
- ❸ 회사를 소개할 때! 270
- ❹ 전화 통화시에! 272
- ❺ 상담할 때! 274
- ❻ 계약, 주문을 할 때! 276

부록: 필수 단어 사전! 278

초간편 기본회화!
Best Basic Conversation!

여행 일본어 회화!
기본의 기본을 소개합니다.
10가지 기본 상황별로 정리했습니다!

- ❶ 대답하는 법!
- ❷ 인사할 때!
- ❸ 자기소개 할 때!
- ❹ 부탁할 때!
- ❺ 감사의 인사!
- ❻ 전화, 약속!
- ❼ 사과를 할 때!
- ❽ 물어 볼 때!
- ❾ 날씨와 시간!
- ❿ 대화 표현들!

초간편 기본회화!
Best Basic Conversation!

여행 日本語 회화!
기본의 기본을 소개합니다.
10가지 기본 상황별로 정리했습니다!

대답할 때 자주 쓰는 표현들을 준비했습니다!

예.
はい。
하이

아니오.
いいえ。
이-에

그렇습니다.
そうです。
소-데스

초간편 日本語 会話!

1 기본회화

❶ 대답하는 법!

알겠습니다.
わかりました。
와까리마시따

모르겠습니다.
わかりません。
와까리마셍

맞습니다.
そのとおりです。
소노도-리데스

동감입니다.
同感です。
도-깐데스

가장 많이 쓰는 표현들입니다. 자신있게 "はい!"

"여행회화, 기본의 기본입니다! 미리 준비해 두시면 유용하게 자주 쓸 수 있는 표현들입니다!!!"

초간편 기본회화!
Best Basic Conversation!

여행 日本語 회화!
기본의 기본을 소개합니다.
10가지 기본 상황별로 정리했습니다!

다양한 인사법들을 연습해 보겠습니다!

안녕하십니까?
お元気ですか。
오겡끼데스까

덕분에 잘 지내고 있습니다.
おかげさまで。
오까게사마데

안녕하십니까? (아침인사)
おはようございます。
오하요- 고자이마스

안녕하십니까? (오후인사)
こんにちは。
곤니찌와

초간편 日本語 会話!

2 기본회화

❷ 인사할 때!

안녕하십니까? (저녁인사)
こんばんは。
곰방와

안녕히 주무세요.
お休みなさい。
오야스미나사이

안녕히 계세요.
さようなら。
사요-나라

또 만납시다.
また会いましょう。
마따아이마쇼-

인사할 때는 언제나 웃는 얼굴로 하셔야 해요~!

"여행회화, 기본의 기본입니다! 미리 준비해 두시면 유용하게 자주 쓸 수 있는 표현들입니다!!!"

초간편 기본회화!
Best Basic Conversation!

여행 日本語 회화!
기본의 기본을 소개합니다.
10가지 기본 상황별로 정리했습니다!

자기를 소개할 때 쓸 수 있는 기본 표현들입니다!!

처음 뵙겠습니다.
はじめまして。
하지메마시떼

만나서 반갑습니다.
お会い できて うれしいです。
오아이 데끼떼 우레시이 데스

저를 소개해 드려도 될까요?.
自己紹介させて いただきます。
지꼬쇼-카이사세떼 이따다끼마스

초간편 日本語 会話!

❸ 자기소개 할 때

나의 이름은 ~입니다.
私の 名前は ~です。
와따시노 나마에와 ~데스

당신의 이름은?
あなたの お名前は。
아나따노 오나마에와

몇 살입니까?
おいくつですか。
오이꾸쯔데스까

저는 한국 사람입니다.
私は 韓国人です。
와따시와 강꼬꾸진데스

자신을 보다 자신있게 소개하는 방법입니다!

"여행회화, 기본의 기본입니다! 미리 준비해 두시면 유용하게 자주 쓸 수 있는 표현들입니다!!!"

초간편 기본회화!
Best Basic Conversation!

여행 日本語 회화!
기본의 기본을 소개합니다.
10가지 기본 상황별로 정리했습니다!

부탁하실 일이 있으면 주저하지 말고 말씀하세요!

실례지만 부탁드립니다.
すみませんが、お願いします。
스미마셍가 오네가이시마스

저 좀 도와주시겠어요?
ちょっと 手を かして いただけますか。
좃또 테오 카시떼 이따다께마스까

잠깐 기다려 주십시오.
ちょっと 待って ください。
쫏또 맛떼 쿠다사이

초간편 日本語 会話!

❹ 부탁할 때!

좀 더 천천히 말해 주십시오.
もっと ゆっくり 言って 下さい。
못또 윳꾸리 잇떼 쿠다사이

다시 한 번 말씀해 주십시오.
もう 一度 言って ください。
모- 이찌도 잇떼 쿠다사이

파출소 좀 가르쳐 주십시오.
交番は どこですか。
코-방와 도꼬데스까

병원 좀 가르쳐 주십시오.
病院, 教えて ください。
뵤-잉 오시에떼 쿠다사이

도움이 필요하십니까? 이렇게 말씀하십시오~!

"여행회화, 기본의 기본입니다! 미리 준비해 두시면 유용하게 자주 쓸 수 있는 표현들입니다!!!"

초간편 기본회화!
Best Basic Conversation!

여행 日本語 회화!
기본의 기본을 소개합니다.
10가지 기본 상황별로 정리했습니다!

도움을 받았다면 반드시 감사의 인사를 전합니다.

감사합니다.
ありがとう
ございます。
아리가또- 고자이마스

고맙습니다.
どうも。
도-모

정말 고마워요.
どうも ありがとう。
도-모 아리가또-

초간편 日本語 会話!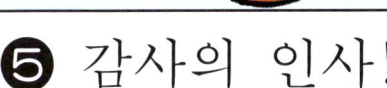

❺ 감사의 인사!

고맙습니다 (송구스럽습니다).
恐れ入ります。
오소레이리마스

정말 도움이 많이 되었습니다.
本当に 助かりました。
혼토우니 타스까리마시따

천만에요.
どういたしまして。
도-이따시마시떼

저도 감사합니다.
ごちらこそ。
고찌라코소

감사의 인사, 정중할수록 더욱 좋습니다~!

"여행회화, 기본의 기본입니다! 미리 준비해 두시면 유용하게 자주 쓸 수 있는 표현들입니다!!!"

초간편 기본회화!
Best Basic Conversation!

여행 日本語 회화!
기본의 기본을 소개합니다.
10가지 기본 상황별로 정리했습니다!

전화를 할 때, 약속을 할 때 쓰는 표현들입니다.

저는 ~입니다.
こちらは ~です。
고찌라와 ~데스

~씨를 바꿔 주십시오.
~さんを お願いします。
~상오 오네가이시마스

여보세요, ~씨 입니까?
もしもし, ~さんですか。
모시모시 ~상데스까

제 번호는 583-3254입니다.
わたしの 番号は
583-3254です。
와따시노 방고-와
고하찌산노 산니고욘데스

초간편 日本語 会話!

❻ 전화, 약속!

시간 낼 수 있나요?
時間 とれますか。
지깡 토레마스까

~씨는 언제가 가장 적당합니까?
~さんの いちばん 都合の いい 時は いつですか。
~상노 이찌방 쯔-고노 이- 토끼와 이쯔데스까

이번 주말 시간 있으세요?
今週の 週末に 時間 とれますか。
콘슈-노 슈-마쓰니 시깡 도레마스까

특별한 건 없는데요.
別に 大した 用事は ありません。
베쯔니 타이시따 요-지와 아리마셍

전화로 약속을 정할 때는 메모를 준비하세요~!

"여행회화, 기본의 기본입니다! 미리 준비해 두시면 유용하게 자주 쓸 수 있는 표현들입니다!!!"

초간편 기본회화!
Best Basic Conversation!

여행 日本語 회화!
기본의 기본을 소개합니다.
10가지 기본 상황별로 정리했습니다!

실례, 결례가 되었다면 말씀해 주세요~!

미안합니다. / 실례합니다.
すみません。
스미마셍

미안합니다.
どうも。
도-모

실례했습니다.
失礼しました。
시쯔레-시마시따

죄송합니다
恐れ入ります。
오소레이리마스

초간편 日本語 会話!

❼ 사과를 할 때!

잘못했습니다.
ごめんなさい。
もうしわけございません。
고멘나사이 모-시와케고자이마셍

늦어서 죄송해요.
遅れて すみません。
오쿠레떼 스미마셍

용서해주세요.
許してください。
유류시떼쿠다사이

괜찮아요.
大丈夫です。
다이죠-부데스

실례가 되었다면 표정도 미안스러워야 하겠죠~!

"여행회화, 기본의 기본입니다! 미리 준비해 두시면 유용하게 자주 쓸 수 있는 표현들입니다!!!"

초간편 기본회화!
Best Basic Conversation!

여행 日本語 회화!
기본의 기본을 소개합니다.
10가지 기본 상황별로 정리했습니다!

궁금한 모든 것을 물어 볼 수 있습니다!

언제입니까?
いつですか。
이쯔데스까

어디입니까?
どこですか。
도꼬데스까

무엇입니까?
何ですか。
난데스까

얼마입니까?
いくらですか。
이꾸라데스까

초간편 日本語 会話!

❽ 물어 볼 때!

누구십니까?
どなたですか。
도나따데스까

어느 것입니까?
どれですか。
도레데스까

어느 쪽입니까?
どちらですか。
도찌라데스까

이것은 무슨 뜻입니까?
これは 何の 意味ですか.
고레와 난노이미데스까

잘 모르시겠다구요? 다시 한번 더 물어 보셔요~!

"여행회화, 기본의 기본입니다! 미리 준비해 두시면 유용하게 자주 쓸 수 있는 표현들입니다!!!"

초간편 기본회화!
Best Basic Conversation!

여행 日本語 회화!
기본의 기본을 소개합니다.
10가지 기본 상황별로 정리했습니다!

날씨와 시간에 대해 이야기 하는 방법들입니다!

오늘 날씨가 어떻습니까?
今日の お天気は どうですか。
쿄-노 오텐끼와 도-데스까

비가 올 것 같습니다.
雨が ふりそうです。
아메가 후리소-데스

날씨가 좋군요.
天気が いいですね。
텡끼가 이이데스네

덥(춥)군요.
署い(寒い)ですね。
아쯔이(사무이)데스네

초간편 日本語 会話!

❾ 날씨와 시간!

몇 시입니까?
何時ですか。
난지데스까

12시 30분이에요.
12時 30分です。
쥬-니지 산짓뿡데스

오늘 며칠입니까?
今日は 何日ですか。
쿄-와 난니찌데스까

오늘은 무슨 요일입니까?
今日は 何曜日ですか。
쿄-와 난요-비데스까

요일과 날짜를 물을 때 쓰는 방법도 기억해 둡니다.

"여행회화, 기본의 기본입니다! 미리 준비해 두시면 유용하게 자주 쓸 수 있는 표현들입니다!!!"

초간편 기본회화!
Best Basic Conversation!

여행 日本語 회화!
기본의 기본을 소개합니다.
10가지 기본 상황별로 정리했습니다!

좀 더 자연스럽게 대화 할 수 있는 표현들입니다.

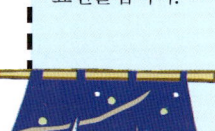

그리고, 그래서
そして
소시떼

그리고 나서
それから
소레까라

그러나
しかし
시까시

사실은 / 물론
実は / もちろん
지쯔와　　　모찌롱

초간편 日本語 会話!

❿ 대화 표현들!

맞습니다.
そのとおりです。
소노도-리데스

그렇습니까?
そうですか?
소-데스까

정말입니까?
ほんとうですか。
혼또-데스까

동감입니다.
同感です。
도-깐데스

대화를 유연하게 만들어 주는 표현들입니다!

"여행회화, 기본의 기본입니다! 미리 준비해 두시면 유용하게 자주 쓸 수 있는 표현들입니다!!!"

잠깐 여행정보!
환전 및 여행자 보험!

ⓐ **환전** : 환전이란 여행지에서 쓰게 될 현지 화폐를 미리 준비하는 것을 말합니다. 일본의 화폐는 엔화로 국내 시중 은행 어느 곳에서나 환전이 가능합니다. 엔화 지폐는 1,00엔, 2,000엔, 5,000엔, 그리고 1만엔권이 있으며, 버스, 공중전화의 이용을 대비해 많이 쓰는 50엔, 100엔짜리 동전도 넉넉히 준비합니다. 일본의 경우는 유럽 여행처럼 여행자 수표를 따로 준비하지 않아도 됩니다. 준비를 한다면, 고액권 수표보다는 2만엔권 수표가 유용합니다. 여행자수표는 분실을 대비해서 수표번호를 기록해 두고, 분실시에는 가까운 지점에 신고하면 됩니다. 반드시 발급확인서를 보관하고 있어야 환불이 됩니다. 여행자수표는 국내의 외국환 취급은행 어디서나 발급 받으실 수 있습니다. 그리고 여비가 떨어졌을 때 현금서비스나, 물건값을 할부로 지급하고자 한다면 신용카드를 준비하도록 합니다. 일본에서 일반적으로 통용되는 유명 카드들로는 Master Card, American Express Card, Diners Club Card, Visa Card 등이 있습니다.

ⓑ **여행자보험** : 여행중에 질병이나 사고를 당했을 경우에 대비해 가입하는 보험으로, 가입절차도 간편하고, 보험료도 저렴합니다. 패키지 여행의 경우는 대부분 여행비에 보험료가 이미 포함되어 있습니다. 가입은 국내 모든 보험회사에서 취급하고 있으며, 인터넷을 이용하면 보다 할인된 가격으로 가입할 수 있습니다. 가입 전후 약관을 반드시 확인하도록 합니다.

1. 출발전 준비!

일본여행에 앞서 반드시 준비되어야 할 것들이 있습니다. 우선 기본적으로 갖추어야 할 것으로 ❶ 여권, ❷ 비자, ❸ 각종 증명서 발급, ❹ 항공권, ❺ 환전 및 여행자 보험 가입, ❻ 여행정보수집 등을 들 수 있습니다.

❶ 여권의 준비!

여권의 종류 : 여권은 '대한민국 사람임을 증명하는 증명서'입니다. 외국에서의 안전을 보장해 주는 신분증이기에 가장 중요한 준비물입니다. 여권의 종류는 관용여권과 일반여권으로 나뉘며, 여행자들이 받게되는 일반여권은 유효기간에 따라 복수여권(5년), 단수여권(1년)으로 나뉩니다. 복수여권은 5년간 사용횟수에 제한이 없기 때문에 일반적으로 많이 신청합니다.

빠르게 찾고 쉽게 말하는 여행회화! 여러분의 여행을 보다 즐겁고 편안하게 만들어 드립니다!!

비자 | 각종 증명서!

여권의 신청 : 여권은 시, 구청 여권과에서 발급하며, 보통 2~3일 소요됩니다. (지방 시, 군청은 7~10일 소요) 여권 신청서류는 ⓐ 여권발급 신청서, ⓑ 주민등록등본 1통, ⓒ 주민등록증이나 운전면허증, ⓓ 여권용 사진 2매, ⓔ 병역 서류 (국외여행허가서), ⓕ 발급 수수료(복수여권:45,000원, 단수여권:15,000원) 등 입니다.

❷ 일본입국 비자!

비자(VISA)는 '입국사증', 즉 '입국을 허락하는 증명서'로서 주한일본대사관에서 받을 수 있습니다. 일본은 1990년 7월 1일자로 제정된 한일간 비자협정에 의해 관광비자의 경우, 1회 체류기간을 15일로 제한하고, 비자는 1년간 횟수에 관계없이 사용이 가능하도록 되어 있습니다. 일본입국 비자 신청에 필요한 서류는 ⓐ 유효기간 3개월 이상의 여권, ⓑ 비자신청서, ⓒ 사진 1매(4.5x4.5cm), ⓓ 재학증명서 또는 재직증명서, ⓔ 주민등록증 사본 1통입니다. 서류를 준비한 후 일본대사관의 영사부에 가서 신청하면 다음날 비자를 받을 수 있습니다. 접수시간은 월~금요일(09:30~11:30)이고 발급시간은 월~금요일(09:30~11:30, 13:30~15:00)입니다. 비자발급은 무료입니다.

- **단기체제비자**

유효기간 5년짜리 비자가 있습니다. 90일 이내 5년동안 체재가 가능한 이 비자의 대상자는 교직자, 공무원, 의사, 변호사, 월평균 200만원 이상의 소득이 있는 자 등이며, 일본에 처음 가거나 과거 일본에 채재 시 문제가 있었던 분은 신청할 수 없습니다. (추후 일본 비자와 관련하여 변화될 조치와 내용은 대사관 홈페이지에서 확인 바랍니다.)

1. 출발전 준비!

❸ 각종 증명서!

ⓐ **국제학생증** : 국제학생여행연맹이 발급하는 전세계 어디에서나 통용되는 학생증입니다. 신청서류는 학생증사본, 반명함판 사진 1매, 신청서, 수수료이며, 발급장소는 국제학생여행사(☎02-733-9494)이며, 발급후 1년간 유효합니다. http://www.isic.co.kr

ⓑ **유스호스텔회원증** : 여행자를 위한 숙소인 유스호스텔을 사용할 수 있는 회원증입니다. 신청서류는 회원신청서 1부이며, 발급장소는 한국유스호스텔연맹(☎02-725-3031)이나 각 지방 유스호스텔연맹입니다. http://www.kyha.or.kr

ⓒ **국제운전면허증** : 일본에서 직접 운전할 때 필요합니다. 신청은 관할 운전면허시험장에서 하며, 신청서류는 여권, 운전면허증, 주민등록증, 사진1매, 수수료(5,000원)입니다.

✚ 그밖의 여행준비물!

그밖에 필요한 여행준비물들로는 먼저 ⓐ 옷가지(해당지역의 기후에 맞게 2~3벌), 우비 또는 우산, 양말, 속옷(3~4벌)이 필수적이며, 비지니스맨이라면 색상이 다른 와이셔츠와 넥타이 세벌씩은 기본입니다.  ⓑ 위생용구(수건, 세면도구, 화장품, 비상약품 - 감기약, 소화제, 정로환, 반창고, 붕대)가 필요할 것이며, 그리고 ⓒ 작은 배낭, 전대, 맥가이버 칼, 간단한 인스턴트 식품류 2~3일분, 소형 계산기 카메라, 필름 등을 준비하면 됩니다.

빠르게 찾고 쉽게 말하는 여행회화! 여러분의 여행을 보다 즐겁고 편안하게 만들어 드립니다!!

① 항공권의 예약!

❶ 도쿄로 가는 항공편을 예약하고 싶습니다.

❷ 후쿠오카로 가는 배편을 예약하고 싶습니다.

❸ 언제 떠나실 예정이죠?

❹ 토요일 출발입니다.

❺ 금요일 오후에 출발하는 비행기가 있나요?

❻ 도쿄까지 왕복티켓 값이 얼마입니까?

❼ 이코노믹 클래스로 해 주십시오.

航空便 (코-꾸-빈) : 항공편
予約 (요-야꾸) : 예약
船便 (후나빈) : 배편

1. 출발전 준비!

❶ 東京行きの 航空便の 予約を お願いします。
토-쿄-유끼노 코-꾸-빈노 요-야꾸오 오네가이시마스

❷ 福岡行きの 船便を 予約したいんですが。
후꾸오카유끼노 후나빈오 요-야꾸시따인데스가

❸ ご出発の ご予定は いつですか。
고슛빠쯔노 고요테-와 이쯔데스까

❹ 土曜日に 出発します。
도요-비니 슛빠쯔시마스

❺ 金曜日の午後に 出発する飛行機は ありますか。
킨요-비노고고니 슛빠쯔스루히코-키와 아리마스까

❻ 東京までの 往復チケットは いくらですか。
토-쿄-마데노 오-후꾸치켓또와 이꾸라데스까

❼ エコノミ-クラスに してください。
에코노미-쿠라스니 시떼쿠다사이

앗! 단어짱!

出発 (슛빠쯔) : 출발

飛行機 (히코-키) : 비행기

往復 (오-후꾸) : 왕복

❷ 예약확인|취소|변경

❶ 항공권 예약 재확인을 하고 싶습니다.

❷ 승선권 예약 재확인을 하고 싶습니다.

❸ 이 예약을 취소해 주십시오.

❹ 예약을 변경하고 싶습니다.

❺ 비행기 번호를 말씀해 주시겠습니까?

❻ 이름은 박세영이고 비행기편은 304입니다.

❼ 선생님의 예약이 확인되었습니다.

앗! 단어짱!

再確認 (사이카꾸닌) : 재확인
乘船券 (죠-센켄) : 승선권
変更 (헨꼬-) : 변경

1. 출발전 준비!

❶ 航空券 予約の 再確認を おねがいします。
코-쿠-켄요-야꾸노 사이카꾸닌오 오네가이시마스

❷ 乗船券の 予約を 再確認したいです。
죠-센켄노 요-야꾸오 사이카꾸닌시따이데스

❸ この 予約を 取り消してください。
코노 요-야꾸오 토리케시떼쿠다사이

❹ 予約の 変更を おねがいします。
요-야꾸노 헨꼬-오 오네가이시마스

❺ 飛行機の 番号を 教えていただけますか。
히꼬-키노 방고-오 오시에떼이따다께마스까

❻ 名前は パクセヨンで, 航空(機)便は 304です。
나마에와 파꾸세-용데 코-쿠(키)빈와 산마루욘데스

❼ お客様の ご予約が 確認できました。
오캬꾸사마노 고요-야꾸가 카꾸닌데끼마시따

앗! 단어짱!

番号 (방고-) : 번호
名前 (나마에) : 이름
お客様 (오캬꾸사마) : 손님

빠르게 찾고 쉽게 말하는 여행회화! 여러분의 여행을 보다 즐겁고 편안하게 만들어 드립니다!!

항공권 관련 단어

항공편	航空便	코-꾸-빈
예약	予約	요-야꾸
배편	船便	후나빈
출발	出発	슛빠쯔
비행기	飛行機	히코-키
왕복티켓	往復チケット	오-후꾸치켓또
재확인	再確認	사이카꾸닌
번호	番号	방고-

✚ 일본 비자 발급기관

일본 대사관 영사부 :
👁 (서울시 종로구 수송동 146-1 이마빌딩 7층) ☎(02)739-7400

부산 일본 영사관 :
👁 (부산시 동구 초량3동 1147-11)
☎(051)465 5101

일본대사관 제주 사무소 :
👁 (제주도 제주시 이도1동 1775-16)
☎(064)742-9501

2. 출국수속!

❶ 출국준비의 순서!

공항에서의 출국수속은 크게 다음과 같이 진행됩니다. 공항에 도착하시면 다음과 같은 순서로 출국수속을 밟으세요.

❶ 병무신고(남자 : 공항병무신고 사무소 3층 A카운터에서 확인필증 교부), ❷ 항공사 체크인(자신이 이용할 항공사 카운터로 이동해서 비행기 좌석번호와 수하물표를 받음), ❸ 공항이용권 구입(자동판매기 이용) 및 환전(공항 환전소나 공항내 면세점 구역 환전소 이용), ❹ 출입국신고서 작성(출국심사대 앞에 비치되어 있음) ❺ 비행기 탑승수속, ❻ 세관신고(고가품은 신고필증(**custom stamp**)을 교부 받도록 함), ❼ 보안검색(금속탐지문 통과), ❽ 출국심사(탑승권, 여권, 출입국신고서

공항에서의 상식

를 제출하면 심사관이 확인한 후 날인과 함께 출입국신고서의 한쪽을 절취해 여권에 부착해 줍니다), ❾ 탑승게이트로 이동, ❿ 탑승의 순서로 임하시면 되겠습니다.

공항에는 최소한 2~3시간 전에 도착하도록 하며, 비행기 출발 30분 전에는 탑승게이트 대기실에 도착해 있어야 합니다.

❷ 인천국제공항 상식

ⓐ **공항까지의 교통편** : 국제선 이용 승객은 인천국제공항을 이용합니다. 인천국제공항까지는 인천국제공항 전용고속도로(40.2km)를 이용합니다. 서울에서 인천곤항까지의 이동 방법으로는 리무진 버스(서울역-인천국제공항 간 75분 소요), 택시(60분 소요), 지하철(5호선 방화역, 김포공항 리무진 버스로 환승)을 이용하실 수 있습니다. 운송화물을 미리 보낼 경우, 김포 도심 터미널이나 삼성동 서울 도심공항 터미널을 이용하시면 공항 이용료가 할인됩니다.

> 인천국제공항 : **www.airport.or.kr**
> 서울 도심공항터미널 : **www.kcat.co.kr**

ⓑ **공항 면세점** : 출국심사를 마치고 탑승게이트 쪽으로 들어서면 공항 면세점이 중앙에 있습니다. 선물(시계, 화장품, 향수, 민속상품, 기념품)이나 기호품(담배, 술, 초콜릿, 문구류, 필름)을 할인된 가격으로 살 수 있습니다.

2. 출국수속!

❸ 공항에서 할 일!

ⓐ **병무신고** : 만 18세 이상 30세까지의 병역미필자는 인천국제공항 청사 3층에 있는 병무신고소에 거주지 동사무소로부터 발급 받은 신고필증을 제출하고, 확인필증을 교부받으면 됩니다.

ⓑ **항공사 데스크에서의 보딩패스** : 항공사 데스크로 가서 여권, 항공권을 제시하면 비행기내 좌석번호를 받게 됩니다. 그리고 탁송할 화물들을 계근대 위에 올려 놓으면 항공사 직원은 확인 후 수하물표(claim tag)를 가방에 달아 줍니다. 화물의 인환증을 항공표 뒷면에 붙여 줄 것입니다. 이때 인환증의 갯수와 행선지 표시를 반드시 확인해 만약 하물이 분실되었을 경우를 대비해야 합니다.

ⓒ **출국수속** : 공항이용권을 내고 출국심사장으로 들어가면 곧바로 세관을 통과하게 되고 출국심사대 앞에 서게 됩니다. 이때는 여권 항공권, 출국신고서를 심사대 직원에게 제출하면 됩니다. 직원은 여권의 유효관계를 확인하고 출국심사확인표를 여권에 붙여 줍니다.

✚ 국제여객공항이용권과 출입국신고서 작성

'국제여객 공항이용권'은 각 데스크 근처의 자동판매기에서 살 수 있습니다. (공항이용권은 출국수속장 입구에 내시면 됩니다) 그리고 출입국신고서는 탑승수속 카운터 앞쪽에 마련된 테이블에서 비치되어 있는 출입국신고서(E/D Card) 양식에 작성하면 됩니다. 양식은 한글, 한자, 알파벳으로 작성합니다.

빠르게 찾고 쉽게 말하는 여행회화! 여러분의 여행을 보다 즐겁고 편안하게 만들어 드립니다!!

① 보딩패스! 1.

❶ 일본항공 탑승수속대가 어디에 있습니까?

❷ 비행기표를 보여 주시겠습니까?

❸ 출국장 카운터가 어디에 있습니까?

❹ 승선권을 보여 주시겠습니까?

❺ 여기 있습니다.

❻ 통로측과 창측, 어느 쪽이 좋으십니까?

❼ 창가 좌석을 원합니다.

앗! 단어짱!

JAL (자-루) : JAL
荷物 (니모쯔) : 짐
全部 (젠부) : 전부

2. 출국수속!

❶ 日本航空の搭乗手続き カウンタ-は どこですか。
 니혼코-꾸-노 토죠-테쯔즈끼 카운타-와 도꼬데스까

❷ チケットを どうぞ。(拝見させてください。)
 치켓또오 도-조   하이켄사세떼쿠다사이

❸ 出国場の カウンタ-は どこですか。
 슛코꾸죠-노 카운타-와 도꼬데스까

❹ 乗船券を みせてください。
 죠-센켄오 미세떼쿠다사이

❺ はい、どうぞ。
 하이 도-조

❻ 通路側と 窓側、どちらの 方が よろしいですか。
 쯔-로-가와또 마도가와 도찌라노 호-가 요로시-데스까

❼ 窓側の 座席を おねがいします。
 마도가와노 자세끼오 오네가이시마스

앗! 단어짱!

何番 (난방) : 몇 번

ゲ-ト (게-토) : 게이트

超過料金 (쵸-카료-킹) : 초과 요금

빠르게 찾고 쉽게 말하는 여행회화! 여러분의 여행을 보다 즐겁고 편안하게 만들어 드립니다!!

❷ 보딩패스! 2.

❽ JAL카운터로 짐을 운반해 주세요.

❾ 짐이 있습니까?

❿ 짐은 전부 3개입니다.

⓫ 몇 번 게이트입니까?

⓬ 5번 게이트는 어딥니까?

⓭ 초과 요금이 얼마입니까?

⓮ 탑승 시간은 언제입니까?

앗! 단어쨩!

これ (고레) : 여기
座席 (자세끼) : 좌석
番号 (방고-) : 번호

2. 출국수속!

❽ JALの カウンターに 荷物を 運んでください。
자-루노 카운타-니 니모쯔오 하꼰데쿠다사이

❾ お荷物は ありますか。
오니모쯔와 아리마스까

❿ にもつは 全部で 3個あります。
니모쯔와 젠부데 산꼬아리마스

⓫ 何番ゲートですか。
난방게-토데스까

⓬ 5番 ゲートは どこですか。
고방 게-토와 도꼬데스까

⓭ 超過料金は いくらですか。
쵸-카료-킹와 이꾸라데스까

⓮ 搭乗時間は いつですか。
죠-토 지깐와 이쯔데스까

앗! 단어짱!

どこ (도꼬) : 어디
むこう (무꼬-) : 저쪽
こちら (고찌라) : 여기

빠르게 찾고 쉽게 말하는 여행회화! 여러분의 여행을 보다 즐겁고 편안하게 만들어 드립니다!!

❸ 탑승 및 승선!

❶ 탑승권을 보여 주십시오.

❷ 승선권을 보여 주십시오.

❸ 여기 있습니다.

❹ 이 번호의 좌석은 어디입니까?

❺ 제 자리는 어디입니까?

❻ 저쪽 통로 쪽입니다.

❼ 여기가 손님의 좌석입니다.

搭乗券 (도-죠-껭) : 탑승권
乗船券 (죠-센켄) : 승선권
これ (고레) : 여기

2. 출국수속!

❶ 搭乗券を お見せください。
도-죠-껭오 오미세쿠다사이

❷ 乗船券を 見せてください。
죠-센켄오 미세떼쿠다사이

❸ これです。
고레데스

❹ この 座席番号は どの辺ですか。
고노 자세끼방고-와 도노헨 데스까

❺ わたしの 座席は どこですか。
와따시노 자세끼와 도꼬데스까

❻ むこうの 通路側に あります。
무꼬-노 쯔-로-가와니 아리마스

❼ こちらが お客様の 座席に なります。
고찌라가 오꺄꾸샤마노 자세끼니 나리마스

앗! 단어짱!

番号 (방고-) : 번호

むこう (무꼬-) : 저쪽

通路側 (쯔-로-가와) : 통로측

탑승 관련 단어

항공권	航空券	코-꾸-껭
탑승권	搭乗券	도-죠-껭
좌석번호	座席番号	자세끼방고-
금연석	禁煙席	킹엔세끼
수하물	手荷物	테니모쯔
여권	旅巻	료껭
여권	パスポート	파스포-토
비자	査証(ビザ)	사쇼-(비자)
이륙	離陸	리리꾸
착륙	着陸	차꾸리꾸
승객	乗客	죠-캬꾸

✚ 선박편의 이용!

ⓐ **부관페리호** : 부산과 시모노세키를 연결하는 페리로, 후쿠오카, 벳푸, 구마모토 등의 규슈지방과 일본 중부지방을 여행할 때 이용하면 값싸고 편리합니다. 문의처 : 부산본사 (☎051-463-3161~4), 서울지사 (☎02-738-0055), 일본사무소 (☎0832-24-3000)

ⓑ **비틀 2호 (Beetle 2)** : 규슈지방으로 여행하는 분들이 주로 이용하며, 출항하여 약 2시간 55분만에 후쿠오카에 도착하는 초고속 페리입니다. 문의처 : 부산본사 (☎051- 465-6111), 서울지사 (☎02-730-8666), 일본 사무소 (☎092-281-2315)

ⓒ **카멜리아호 (Camellia Line)** : 규슈로 가실 분, 그리고 JR 패스를 이용하여 다른 도시로 이동하려는 분들께 편리합니다. 문의처 : 부산본사 (☎051-466-7799), 서울지사 (☎02-775-2323), 일본 사무소 (☎092-262-2323)

3. 출발! 기내에서

❶ 기내의 안전수칙!

ⓐ **지정좌석** : 기내에서는 지정된 좌석에 앉아야 합니다. 짐은 머리 위쪽의 선반에 넣습니다. 안전을 위해 무거운 짐은 다리 아래 놓습니다. 승무원의 지시에 따라 이착륙시에는 좌석에 앉으시고, 반드시 안전벨트를 착용합니다. 좌석상단의 메시지 램프에는 안전고도에서 정상운행 중일지라도 기류에 따라 경고등이 표시되곤 합니다. 이때 **'No Smoking'**은 '금연'을, **'Fasten Seat Belt'**는 '안전벨트를 매시오' 라는 뜻입니다.

ⓑ **좌석의 조정** : 비행기의 좌석은 뒤로 젖힐 수 있어 장거리 여행시에는 충분히 뒤로 눕혀 잠을 잘 수도 있도록 되어 있습니다. 그러나 이착륙시나 식사 땐 의자를 바로 세워 정위치에 놓습니다. 눕힐 때는 뒷좌석의 손님에게 양해를 구하거나 천천히 젖히도록 합니다. 자리가 불편한 경우 승무원에게 부탁하면 다른 자리로 옮길 수 있습니다.

빠르게 찾고 쉽게 말하는 여행회화! 여러분의 여행을 보다 즐겁고 편안하게 만들어 드립니다!!

기내에서의 상식!

ⓒ **안전사항 :** 비행기 멀미를 하시는 분이라면 좌석 앞주머니에 준비되어 있는 구토용 봉지를 사용하시거나, 호출버튼을 눌러 스튜어디스에게 찬음료나 진정제 등을 부탁할 수 있습니다. 그리고 기내 주요 유의사항으로는 비행기 안전운항에 장애가 될 수 있기 때문에 모든 전자제품의 사용을 금하는 것과 다른 승객에게 불편이 될 수 있기 때문에 기내에서는 금연이라는 것, 그리고 흉기의 기내 반입은 절대 금지되고 있음을 기억해 주십시오.

❷ 기내의 식사!

한일간 운행 노선에서는 기내식이 제공됩니다. 기내에서는 식사 외에 차, 주류 및 청량음료 등도 제공됩니다. 좌석의 등급별로 식사는 다르게 나오며, 본인이 못 먹는 음식은 피할 수도 있습니다. (채식시단괴 육식식단이 함께 준비되기 때문에 선택적으로 주문이 가능합니다.) 한일노선의 기내식은 통상 이륙 후 30~40분 후에 서비스됩니다. 음료는 식사 때가 아니더라도 필요하면  언제라도 주문이 가능하며, 기내에서는 탄산음료 보다는 물이나 과일 주스류가 좋습니다. 주류는 제한된 양이지만 맥주 한두 캔이나 와인 한두 잔은 무료로 서비스됩니다. 그러나 기내에서의 음주는 기압과 안전을 고려해 평소 주량의 1/3 정도만 드시는 것이 좋습니다.

❸ 기내의 서비스들!

기내에서는 운항시간 동안 지루함을 덜기 위해 각종 서비스를 제공합니다만 한일 노선의 경우 비행시간이 다른 구주노

50

3. 출발! -기내에서-

선에 비해 짧아 영화는 상영하지 않습니다. 대신 팔걸이에 장치된 다이얼과 좌석 주머니의 이어폰을 사용하여 음악방송을 즐길 수 있으며, 벽면의 스크린을 통해 스포츠 뉴스나 영상 프로그램을 보여줍니다. 방송의 내용 그리고 음향이나 채널의 안내는 앞에 비치된 안내책자를 참고하면 됩니다. 그밖에 일본과 한국의 일간신문 및 트럼프, 바둑 등 오락기구도 구비되어 있어서 필요시엔 승무원에게 요구하시면 됩니다. 이들 오락기구는 대부분 승객들에게 서비스 되는 것들로 기념품으로 가져가도 됩니다. (헤드폰과 담요는 반납해야 함)

❹ 기내의 면세쇼핑!

기내에서는 양주, 담배, 향수, 시계, 화장품, 스카프, 완구 등의 기호품과 선물용품들이 면세된 가격으로 판매됩니다. 세계적으로 유명한 제품들이 선정되어 구비되어 있으며, 주문과 배달도 가능합니다. 예를 들어 무거운 양주병을 들고 다닐 수 없을 때 보내고 싶은 곳의 주소를 신청서에 적어 제출하면 배달이 가능합니다. 일본의 빈입 면세한도는 담배 400개피, 궐련 100개, 술 3병, 향수 2온스, 싯가 20만엔이 넘지 않는 선물들로 되어 있으니 참고하시기 바랍니다.

✚ 기내화장실 상식!

기내 화장실은 남녀 공용입니다. 화장실이 현재 사용상태는 벽면의 표시등으로 표시됩니다. 사용중이면 **'Occupied'**, 비어 있을 때는 **'Vacant'**라는 표시등에 불이 켜집니다. 화장실로 들어 갈때는 문을 밀어서 열고, 나올 때는 잡아 당겨서 문을 엽니다. 사용한 휴지는 쓰레기통에 버려야 합니다. 이 착륙시 또는 이상 기류로 기체가 흔들릴 때는 **'Return to seat'**(좌석으로 돌아가라)라는 표시등이 켜지게 됩니다. 이럴 땐 서둘러 자리로 돌아가도록 합니다.

Toilet

빠르게 찾고 쉽게 말하는 여행회화! 여러분의 여행을 보다 즐겁고 편안하게 만들어 드립니다!!

① 기내 입구에서!

❶ 자리를 바꿔도 되겠습니까?

❷ 자리를 바꿔 주십시오.

❸ 통로쪽 자리였으면 좋겠군요.

❹ 이 자리에 앉아도 될까요?

❺ 여긴 제자리 같은데요.

❻ 잠깐 지나가도 될까요?

❼ 이 의자는 어떻게 젖힙니까?

❽ 좌석을 제 위치로 해 주십시오.

❾ 이 비행기는 정시에 이륙합니까?

 기내에서는 전자제품의 사용을 삼가시오!

3. 출발! -기내에서-

❶ 席を かえても いいですか。
세끼오 가에떼모 이-데스까

❷ 席を かえて ください。
세끼오 가에떼 쿠다사이

❸ 通路側の 席が いいです。
쯔-로-가와노 세끼가 이-데스

❹ この 席に 座っても いいですか。
고노 세끼니스왓떼모 이이데스까

❺ ここは わたしの 席の ようですが。
코코와 와따시노 세끼노요-데스가

❻ ちょっと 失礼します。
쫏또 시쯔레-시마스

❼ この 椅子は どうやって 倒しますか。
고노 이스와 도-얏떼 타오시마스까

❽ お座席を 元に もどしてください。
오자세키오 모또니 모도시떼쿠다사이

❾ この 飛行機は 定時(定刻)に 離陸しますか。
코노 히꼬-키와 테-지(테-코쿠)니 리리꾸시마스까

빠르게 찾고 쉽게 말하는 여행회화! 여러분의 여행을 보다 즐겁고 편안하게 만들어 드립니다!!

❷ 기내식의 주문!

❶ 닭고기와 쇠고기, 어느 것을 드시겠습니까?

❷ 쇠고기요리로 주세요.

❸ 커피와 홍차 중 어떤 것을 드릴까요?

❹ 커피를 부탁합니다.

❺ 크림과 설탕을 넣어 드릴까요?

❻ 아니요, 그냥 마시겠습니다.

❼ 손님, 식사 다 하셨습니까?

앗! 단어짱!

鷄肉 (토리니꾸) : 닭고기
牛肉 (규-니꾸) : 쇠고기
コーヒー (코-히-) : 커피

3. 출발! -기내에서-

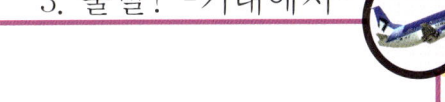

❶ 鶏肉と 牛肉, どちらに なさいますか。
토리니꾸또 규-니꾸 도찌라니 나사이마스까

❷ 牛肉の 料理に します。
규-니꾸노 료-리니 시마스

❸ コ-ヒ-と 紅茶の うち, どちらに なさいますか。
코-히-또 코-챠노 우찌 도찌라니 나사이마스까

❹ コ-ヒ-を お願い いたします。
고-히-오 오네가이 이따시마스

❺ クリ-ムと お砂糖は おいれになりますか。
쿠리-무또 오사토-와 오이레니나리마스까

❻ いいえ, けっこうです。
이-에 켓꼬-데스

❼ お客さま, 食事は お済みでしょうか。
오캬꾸사마 쇼꾸지와 오스미데쇼-까

앗! 단어짱!

紅茶 (코-챠) : 홍차
クリ-ム (쿠리-무) : 크림
砂糖 (사토-) : 설탕

빠르게 찾고 쉽게 말하는 여행회화! 여러분의 여행을 보다 즐겁고 편안하게 만들어 드립니다!!

❸ 기내, 선상 쇼핑!

❶ 기내에서 향수를 팝니까?

❷ 배 안에서 면세품을 팝니까?

❸ 볼펜 있습니까?

❹ 한 세트에 얼마입니까?

❺ 1,800엔입니다.

❻ 위스키 2병 주세요.

❼ 술과 향수를 사고 싶습니다.

❽ 담배를 사고 싶은데요.

❾ 한 상자 주세요.

3. 出発! -기내에서-

❶ 機内で 香水を 売っていますか。
키나이데 코-스이오 웃떼이마스까

❷ 船の 中で 免税品を 売っていますか。
후네노 나까데 멘제-힝오 웃떼이마스까

❸ ボ-ルペン ありますか。
보-루뺀 아리마스까

❹ ワンセットで いくらですか。
완셋또데 이꾸라데스까

❺ 1,800円です。
센핫빠꾸엔데스

❻ ウイスキ- 2本ください。
우이스키- 니홍쿠다사이

❼ お酒と 香水が 買いたいです。
오사께또 코-스이가 가이따이데스

❽ タバコを 買いたいんですが。
다바코오 가이따인데스가

❾ 1箱 ください。
히또하꼬 쿠다사이

④ 기내 서비스!

❶ 물 한 잔 주십시오.

❷ 마실 것 좀 가져다 주시겠습니까?

❸ 두통약 좀 갖다 주시겠어요?

❹ 담요 한 장 주시겠습니까?

❺ 베개 좀 가져다 주시겠습니까?

❻ 신문이나 잡지 보시겠습니까?

❼ 한국 신문 있나요?

❽ 이 벨트는 어떻게 맵니까?

❾ 찬바람은 어떻게 끕니까?

3. 출발! -기내에서-

❶ お水を 一杯 ください。
오미즈오 잇빠이 쿠다사이

❷ 何か 飲み物を お願いします。
나니까 노미모노오 오네가이시마스

❸ 頭痛薬を もってきて くださいますか。
즈쯔-야꾸오 못떼키떼 쿠다사이마스까

❹ ひざかけを いちまい いただけますか。
히자가께오 이찌마이 이따다께마스까

❺ まくらを ください。
마꾸라오 쿠다사이

❻ 新聞や 雑誌は いかがですか。
신분야 잣시와 이까가데스까

❼ 韓国語の 新聞は ありますか。
간고꾸고노 심붕와 아리마스까

❽ この ベルトは どうやって 締めるのですか。
고노 베루토와 도-얏떼 시메루노데스까

❾ 冷風を 止めるには どうしたら いいのですか。
레-후-오 토메루니와 도-시따라 이-노데스까

빠르게 찾고 쉽게 말하는 여행회화! 여러분의 여행을 보다 즐겁고 편안하게 만들어 드립니다!!

❺ 신고서의 작성!

❶ 펜 좀 써도 될까요?

❷ 그럼요. 여기 있습니다. .

❸ 일본어를 아십니까?

❹ 제 입국카드 좀 봐주시겠습니까?

❺ 이 양식의 기재법을 가르쳐 주세요.

❻ 여기에 무엇을 써야 합니까?

❼ 입국신고서를 한 장 더 얻을 수 있을까요?

앗! 단어짱!

ペン (펜) : 펜
もちろん (모찌롱) : 물론
日本語 (니홍고) : 일본어

3. 출발! -기내에서-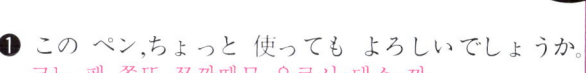

❶ この ペン、ちょっと 使っても よろしいでしょうか。
코노 펜 쫏또 쯔깟떼모 요로시-데쇼-까

❷ もちろんです。どうぞ。
모찌롱데스 도-조

❸ 日本語は おわかりですか。
니홍고와 오와까리데스까

❹ 私の 入国カードを ちょっと みてくださいますか。
와따시노 뉴-코꾸카-도오 쫏또 미떼쿠다사이마스까

❺ この 書類様式の 書き方を 教えて 下さい。
고노 쇼루이요-시끼노 카끼카따오 오시에떼 쿠다사이

❻ ここに なにを 書けば いいんですか。
코코니 나니오 카이께바 이인데스까

❼ 入国申告書を もう 一枚 いただけますか。
뉴-코꾸신코꾸쇼오 모- 이찌마이 이따다께마스까

앗! 단어짱!

入国カード (뉴-코꾸카-도) : 입국카드
ここ (코코) : 여기
一枚 (이찌마이) : 한 장

빠르게 찾고 쉽게 말하는 여행회화! 여러분의 여행을 보다 즐겁고 편안하게 만들어 드립니다!!

❻ 기내에서의 대화!

❶ 어디까지 가십니까?

❷ 도쿄까지 갑니다.

❸ 삿뽀로의 친구 집에 갑니다.

❹ 이번이 처음입니다.

❺ 잡지를 빌려 주십시오.

❻ 씨트를 눕혀도 되겠습니까?

❼ 지금 어디를 날고 있습니까?

❽ 지금 어디를 지나고 있습니까? (배의 경우)

❾ 드디어 도착했군요.

3. 출발! -기내에서-

❶ どちらまで いかれますか。
도찌라마데 이까레마스까

❷ わたしは 東京まで 行きます。
와따시와 도-꾜-마데 이끼마스

❸ さっぽろの 友人の(ともだち)家に いきます。
삿뽀로노 유-진(토모다찌)노 이에니 이끼마스

❹ 今回が 初めてです。
콩까이가 하지메떼데스

❺ 雑誌を 貸して ください。
잣시오 가시떼 쿠다사이

❻ シートを 倒しても いいですか。
시-또오 타오시떼모 이이데스까

❼ 今 どの あたりを 飛んで いますか。
이마 도노 아따리오 돈데 이마스까

❽ 今 どこの あたりを 通って いますか。
이마 도꼬노 아따리오 토옷떼 이마스까

❾ やっと 着きましたね。
얏또 쯔끼마시따네

✚ 기내 관련 단어들!

안전 벨트	安全ベルト	안젠베루토
착용	着用	챠꾸요
호출 버튼	呼び出しボタン	요비다시 보땅
사용중	使用中	시요-쮸-
비어 있음	空き	아끼
이어폰	イヤホーン	이야호-온
기장	機長	기쪼-
비상구	非常口	히죠-구찌
중앙	中央	쮸-오-
통로쪽	通路側	쯔-로-가와
출국카드	出国カード	슉꼬꾸카-도
입국카드	入国カード	뉴-꼬꾸카-도
목적지	目的地	모꾸떼끼찌
고도	高度	코-또
난기류	乱気流	란기류-
구명동의	救命胴衣	큐-메-도-이
구토봉지	嘔吐袋	오-또부꾸로

4. 목적지 도착!

❶ 입국절차 상식!

목적지의 공항에 도착해서 비행기에서 내리면 곧 입국절차를 밟게 됩니다. 입국절차는 출국과 반대의 순으로 진행됩니다. 즉 ⓐ 공항도착, ⓑ 'Arrival'이라고 표시된 출구로 나갑니다. ⓒ 검역소를 통과합니다. (보통은 생략됨), ⓓ 입국심사, ⓔ 수하물 찾기, ⓕ 세관검사, ⓖ 입국완료의 순으로 진행됩니다. 좀 더 세부적으로 소개하면 다음과 같습니다.

❷ 입국심사!

입국심사대(**Immigration**)는 내국인과 외국인용으로 나뉘어 있는데, 우리는 외국인(가이코쿠진 外國人 **Foreigner**)이라고 표시된 심사대에서 심사를 받습니다. 사람이 많을 경우 그러

입국심사의 모든 것!

니까 일본인 심사대가 한산할 때는 현장의 관리요원들이 내국인 심사대로 안내하기도 합니다. 노란선 밖에서 순서를 기다리시고, 차례가 되면 심사대로 가셔서 여권과 출입국 카드를 제시하면 심사관이 일본에 온 목적, 체류기간, 여행비용, 돌아갈 비행기표등을 질문하고 확인하게 됩니다. 여행목적을 물을 때는 여행 또는 연수, 비지니스 등으로 대답하며, 체류기간은 15일 이내에서 적당히 말 하시면 되겠습니다. 관광객일 경우는 대개 까다롭지 않게 입국허가 스탬프를 찍어줍니다. 긴장하지 마시고 가벼운 인사와 함께 서류들을 보여 주십시오. 심사를 통과하면 가벼운 인사를 전하시는 것도 좋을 것입니다.

❸ 수하물 찾기!

입국심사를 마치면 '수하물 찾는곳'(**baggage or luggage claim area**)으로 갑니다. 찾을 짐이 많으면 짐수레(**cart**)를 준비해 탁송된 짐이 실려 나오는 콘베이어 앞에서 기다립니다. (비슷한 가방이 많기 때문에 이름을 반드시 확인 할 것) 국제공항에는 수하물 찾는 곳이 여러 곳이므로, 본인이 이용했던 항공편 표시등 아래로 찾아가야만 착오가 없습니다. 수하물이 나오는 시간은 보통 30분 정도 걸리며, 착륙 비행기가 많을 경우에 1시간 넘게 걸리는 때도 있습니다. 자신의 짐이 발견되면 수하물 인환증(**claim tag**)의 번호와 짐 번호를 확인하도록 하며, 만약 짐이 나오지 않을 경우에는 항공사 직원에게 협조를 구하도록 합니다. 분실신고는 화물도착 후 4시간 이내에 해야 합니다.

4. 목적지 도착! -입국심사-

❹ 세관통관 상식!

짐을 찾으셨다면 마지막 통관문인 세관검사대(**Customs**)로 갑니다. 순서가 되기 전에 모든 짐의 자물쇠를 풀어 세관원이 쉽게 열어 볼 수 있도록 준비합니다. 일반 관광객이나 업무차 입국하는 사람의 경우는 '녹색출구'를 통해 간단하게 통과를 합니다. 일반적으로 개인 휴대품은 신고대상에서 제외되지만, 귀금속, 사치품, 고급 카메라 등은 정확하게 신고해야 합니다. 기내에서 작성한 세관 신고서와 여권을 세관원에게 제시하면 이를 토대로 짐을 조사합니다. 만일 신고를 하지 않거나 신고액이 실제와 다를 경우 법적 제재를 받을 수도 있습니다. 혹시 입국시 과세되는 물품이 있다면 세관창고에 맡겼다가 출국때 찾아가도록 하십시오. 이것을 본드(**Bond**)라고 하는데, 반드시 보관증을 받고 출국 때에는 공항의 항공사 카운터에서 본드 하물이 있음을 알리고 찾아 가십시오.

✚ 도착로비의 이용

세관검사가 끝나면 모든 입국 절차가 끝이 납니다. 그대로 출구를 나오면 거기가 나리타 공항 도착 로비입니다. 도착 로비 중앙에는 환전소(**Bank Exchange**)가 있으므로 엔화가 필요하신 분은 여기에서 바꿉니다. 전철비, 버스비, 택시비에 필요한 잔돈을 미리 준비하도록 합니다. 나리타 공항 도착 로비에는 관광안내소(**Information**), 호텔 예약카운터(**Hotel Reservation**), 렌트카 회사(**Rent a car**), 공중전화(**Pay Phone**)나 자동판매기(**Vending Machine**), 화장실(**Restroom**) 등이 있으므로 이를 이용하실 수 있습니다. 동경 시내로 가는 열차편은 지하로 내려가면 됩니다.

빠르게 찾고 쉽게 말하는 여행회화! 여러분의 여행을 보다 즐겁고 편안하게 만들어 드립니다!!

❶ 입국심사대에서 1.

❶ 여권 좀 보여 주시겠어요?

❷ 이것이 제 여권입니다.

❸ 여행목적은 무엇입니까?

❹ 관광입니다.

❺ 유학 왔습니다.

❻ 친구를 만나러 왔습니다.

❼ 사업상 왔습니다.

❽ 일본 방문이 처음이십니까?

❾ 네, 이번이 처음입니다.

4. 목적지 도착! -입국심사-

❶ パスポートを 見せて ください。
파스포-토오 미세떼 쿠다사이

❷ これが わたしの パスポートです。
고레가 와따시노 파스포-토데스

❸ 旅行の 目的は 何ですか。
료꼬-노 모꾸떼끼와 난데스까

❹ 観光です。
캉꼬-데스

❺ 留学に 来ました。
류-가꾸니 키마시따

❻ 友達に 会いに 来ました。
토모다찌니 아이니 키마시따

❼ ビジネスで 来ました。
비지네스데 키마시따

❽ 日本訪問は(日本に きたのは) 初めてですか。
니혼호-몬와(니혼니 키따노와) 하지메떼데스까

❾ はい, 今回が 初めてです。
하이 콩까이가 하지메떼데스

빠르게 찾고 쉽게 말하는 여행회화! 여러분의 여행을 보다 즐겁고 편안하게 만들어 드립니다!!

❷ 입국심사대에서 2.

❿ 일본에는 얼마나 머물 계획이시죠?

⓫ 약 2주간입니다.

⓬ 어디서 머무십니까?

⓭ 도쿄의 신주쿠호텔입니다.

⓮ 유스호스텔입니다.

⓯ 돌아갈 항공권을 갖고 계십니까?

⓰ 좋은 여행되십시오

앗! 단어짱!

日本 (니혼) : 일본
どのぐらい (도노구라이) : 어느 정도
約 (야쿠) : 약

4. 목적지 도착! -입국심사-

❿ 滞在予定は どのぐらいですか。
타이자이요떼-와 도노구라이데스까

⓫ 約 二週間です。
야쿠 니슈-깐데스

⓬ どこに 滞在しますか。
도꼬니 타이자이시마스까

⓭ 東京の 新宿 ホテルです。
도쿄노 신주쿠 호테루데스

⓮ Youth Hostelに 滞在します。
유스호스테루니 타이자이시마스

⓯ お帰りの チケットは お持ちですか。
오카에리노 치켓또와 오모찌데스까

⓰ お気をつけて。
오키오츠케테

앗! 단어쌍!

二週間 (니슈-깐) : 2주
新宿 (신주쿠) : 신주쿠
ホテル (호테루) : 호텔

빠르게 찾고 쉽게 말하는 여행회화! 여러분의 여행을 보다 즐겁고 편안하게 만들어 드립니다!!

❸ 수하물 찾기!

❶ 수하물은 어디에서 찾습니까?

❷ 수하물 찾는 곳은 저쪽입니다.

❸ 검정색 가방이 제 것입니다.

❹ 제 짐이 보이지 않습니다.

❺ 이것이 나의 수하물 인환증입니다.

❻ 제 짐은 세 개입니다.

❼ 어느 정도의 크기입니까?

手荷物 (테니모쯔) : 수하물
どこ (도꼬) : 어디
あそこ (아소꼬) : 저쪽

4. 목적지 도착! -입국심사-

❶ 手荷物は どこで 受け取りますか。
테니모쯔와 도꼬데 우께또리마스까

❷ お手荷物の 引取りさきは あそこです。
오테니모쯔노 히끼토리사끼와 아소꼬데스

❸ 黒い かばんが わたしのです。
쿠로이 카방가 와따시노데스

❹ わたしの 荷物が 見つかりません。
와따시노 니모쯔가 미쯔까리마셍

❺ 手荷物の 引換証は これです。
테니모쯔노 히끼가에쇼와 고레데스

❻ わたしの 荷物は 3個です。
와따시노 니모쯔와 상꼬데스

❼ どのぐらいの 大きさですか。
도노구라이노 오-끼사데스까

黒い (쿠로이) : 검은
かばん (카방) : 가방
引換証 (히끼가에쇼) : 인환증

앗! 단어쨩!

빠르게 찾고 쉽게 말하는 여행회화! 여러분의 여행을 보다 즐겁고 편안하게 만들어 드립니다!!

④ 세관심사! 1.

❶ 신고하실 물건이 있습니까?

❷ 신고할 것은 아무것도 없습니다.

❸ 예, 보석이 있습니다.

❹ 위스키를 두 병 가지고 있습니다.

❺ 트렁크를 열어 주십시오.

❻ 이것들은 전부 무엇입니까?

❼ 전부 신변용품입니다.

❽ 친구에게 줄 선물입니다.

❾ 한국에서는 어느 정도의 가격입니까?

4. 목적지 도착! -입국심사-

❶ 申告するものが ありますか。
신코꾸스루모노가 아리마스까

❷ 申告するものは 何も ありません。
싱꼬꾸스루모노와 나니모 아리마셍

❸ はい, 宝石が あります。
하이 호-세끼가 아리마스

❹ ウイスキ-を 2本 持って います。
우이스키-오 니홍 못떼 이마스

❺ トランクを 開けて ください。
도랑쿠오 아께떼 쿠다사이

❻ これらは (全部)何ですか。
고레라와 젠부난데스까

❼ 全部 身のまわり品です。
젠부 미노마와리힌데스

❽ 友人への おみやげです。
유-징에노 오미야게데스

❾ 韓国では どのぐらいの 価格(値段)ですか。
캉코꾸데와 도노구라이노 카가꾸(네당)데스까

빠르게 찾고 쉽게 말하는 여행회화! 여러분의 여행을 보다 즐겁고 편안하게 만들어 드립니다!!

❺ 세관심사! 2.

❿ 약 15,000원입니다.

⓫ 이 병은 무엇입니까?

⓬ 이것은 내 약입니다.

⓭ 이것은 제 것입니다.

⓮ 이 카메라는 제가 사용하고 있습니다.

⓯ 외국 화폐는 얼마나 가지고 있습니까?

⓰ 현금 30만엔이 있습니다.

⓱ 이 짐들을 보세창고에 맡겨 주십시오.

⓲ 수하물 보관증을 받을 수 있을까요?

4. 목적지 도착! -입국심사-

❿ 約 15,000ウォン ぐらい です。
야꾸 이찌만고센원구라이데스

⓫ この 瓶は なんですか。
코노 빙와 난데스까

⓬ これは わたしの 薬です。
코레와 와따시노 쿠스리데스

⓭ これは わたしのです。
코레와 와따시노데스

⓮ この カメラは わたしが 使って います。
고노 카메라와 와따시가 쯔깟떼 이마스

⓯ 外貨は どの ぐらい お持ちですか。
카이가와 도노구라이 오모찌데스까

⓰ 現金 30万円(が) あります。
겡낑 산쥬-만엔(가)아리마스

⓱ この 荷物を 保税倉庫に あずけて ください。
코노 니모쯔오 호제-소-꼬니 아즈께떼 쿠다사이

⓲ 手荷物の 保管証を いただけますか。
테니모쯔노 호칸쇼오 이따다께마스까

❻ 공항의 환전소!

❶ 환전은 어느 창구에서 합니까?

❷ 5번 창구입니다.

❸ 환전을 부탁합니다.

❹ 이것을 엔화로 바꿔주세요.

❺ 여행자수표를 현금으로 바꾸고 싶습니다.

❻ 수표마다 서명해주시겠어요?

❼ 여기에 적어 주십시오.

앗! 단어짱!

兩替 (료-가에) : 환전
窓口 (마도구찌) : 창구
5番 (고방) : 5번

4. 목적지 도착! -입국심사-

❶ 兩替は どの 窓口で しますか。
료-가에와 도노마도구찌데 시마스까

❷ 5番の 窓口です。
고방노 마도구찌데스

❸ 兩替を して ください。
료-가에오 시떼 쿠다사이

❹ これを 円に 換えて ください。
코레오 엔니 카에떼 쿠다사이

❺ この 旅行小切手を 現金にして ください。
코노 료꼬-코깃떼오 겐낑니시떼 쿠다사이

❻ 各 小切手に 署名(サイン)して ください。
카꾸 코깃떼니 쇼메이(사인)시떼 쿠다사이

❼ ここに 書いて ください。
고꼬니 카이떼 쿠다사이

앗! 단어짱!

旅行小切手 (료꾜-코깃떼) : 여행자수표
現金 (겐낑) : 현금
署名 (쇼메이) : 서명

❼ 공항의 안내소!

❶ 관광안내소는 어디 있습니까?

❷ 곧장 가십시오.

❸ 좋은 숙소를 소개해 주시겠습니까?

❹ 여기서 호텔을 예약하고 싶습니다.

❺ 유스호스텔이 현재 개장중입니까?

❻ 버스는 어디서 탑니까?

❼ 렌터카는 어디서 빌립니까?

앗! 단어짱!

観光 (캉꼬-) : 관광
案内所 (안나이쇼) : 안내소
真直ぐ (맛스구) : 곧장

4. 목적지 도착! -입국심사-

❶ 観光案内所は どこでしょうか。
강꼬-안나이쇼와 도꼬데쇼-까

❷ 真直ぐ 行って ください。
맛스구 잇떼 쿠다사이

❸ いい 宿泊所を 紹介して いただけませんか。
이이 슈꾸하꾸쇼오 쇼-까이시떼 이따다께마셍까

❹ ここで ホテルの 予約を したいんです。
코코데 호테루노 요야꾸오 시따인데스

❺ ユ-スホステルは 今, 開場中ですか。
유-스호스테루와 이마 가이죠-츄-데스끼

❻ バスは どこで 乗りますか。
바스와 도꼬데 노리마스까

❼ レンタカ-は どこで 借りれますか。
렌타카-와 도꼬데 카리레마스까

앗! 단어짱!

いい (이이) : 좋은
宿泊所 (슈꾸하꾸쇼) : 숙소
今 (이마) : 현재

빠르게 찾고 쉽게 말하는 여행회화! 여러분의 여행을 보다 즐겁고 편안하게 만들어 드립니다!!

⑧ 공항의 교통편!

❶ 지하철역은 어디입니까?

❷ 표파는 곳을 가르쳐 주십시오.

❸ 어떤 선을 타야 합니까?

❹ 버스 정류장은 어디입니까?

❺ 이 버스 신수쿠에 섭니까?

❻ 도쿄까지 몇 시간 가량 걸립니까?

❼ 택시 타는 곳은 어디입니까?

❽ 도쿄의 호텔까지 택시비는 얼마나 나옵니까?

❾ 어디서 갈아탑니까?

4. 목적지 도착! -입국심사-

❶ 地下鉄の 駅は どこですか。
찌까떼쯔노 에끼와 도꼬데스까

❷ 切符売り場を 教えて ください。
깁뿌우리바오 오시에떼 쿠다사이

❸ 何線に 乗れば いいですか。
나니센니 노레바 이-데스까

❹ バス乗り場は どこですか。
바스노리바와 도꼬데스까

❺ この バスは 新宿に 止りますか。
고노 바스와 신주꾸니 도마리마스끼

❻ 東京まで 何時間ぐらい かかりますか。
도-꾜-마데 난지깡구라이 가까리마스까

❼ タクシ-乗り場は どこですか。
다쿠시-노리바와 도꼬데스까

❽ 東京のホテルまでは タクシ-で いくらかかりますか。
도-꾜-노 호테루마데와 다쿠시-데 이꾸라카까리마스까

❾ どこで 乗りかえますか。
도꼬데 노리까에마스까

빠르게 찾고 쉽게 말하는 여행회화! 여러분의 여행을 보다 즐겁고 편안하게 만들어 드립니다!!

입국 관련 단어들!

검역	検疫	켕에끼
입국심사	入国審査	뉴-꼬꾸신사
여권	パスポート	파스포-토
출국카드	出国カード	슉꼬꾸카-도
입국카드	入国カード	뉴-꼬꾸카-도
관광	観光	캉꼬-
상용	ビジネス	비지네스
수하물	手荷物	테니모쯔
보관소	受取所	우께또리쇼
세관	税関	제-깡
선물	おみやげ	오미야게
향수	香水	코-스이
보석	宝石	호-세끼
신고서	申告書	싱꼬꾸쇼
약	薬	쿠스리
주소	住所	쥬-쇼
전화번호	電話番号	뎅와방고-
이름	名前	나마에
사진	写真	샤싱
목적	目的	모꾸떼끼
환전	両替	료-가에
서명	署名	쇼메-

4. 목적지 도착! -입국심사-

연락처	連絡先	렌라꾸사끼
외화	外貨	가이까
현금(cash)	現金(キャッシュ)	겡낑(캇슈)
성별	性別	세-베쯔

● 일본공항에서 필요한 용어

공항	空港	쿠-꼬-
리무진버스	リムジンバス	리무진바스
은행	銀行	깅꼬-
기입하다	記入する	기뉴-스루
수표	小切手	코깃떼
환율	為替レート	가와세레-토
동전	小銭	코제니
지폐	紙幣	시헤-
여행자수표	旅行者小切手	료꼬-샤코깃떼
항공회사	航空会社	고-꾸-가이샤
공중전화	公衆電話	코슈뎅와
화장실	お手洗い	오떼아라이
화장실	トイレ	토이레
관광안내소	観光案内所	캉꼬-안나이쇼

빠르게 찾고 쉽게 말하는 여행회화! 여러분의 여행을 보다 즐겁고 편안하게 만들어 드립니다!!

입국 관련 단어들!

○ 공항에서 이동할 때

플랫폼	プラットホ-ム	프랏또호-무
타는 곳	乗り場	노리바
택시	タクシ-	다쿠시-
기차	汽車	키샤
버스	バス	바스
임대차	レンタカ-	렌타카-
대합실	待合室	마찌아이시쯔
지정석	指定席	시떼-세끼
자유석	自由席	지유-세끼
갈아타기	乗り換え	노리까에
시간표	時刻表	지꼬꾸효-
차표 파는 곳	切符売り場	깁뿌우리바
편도	片道	카따미찌
왕복	往復	오-후꾸
운임	運賃	운찡
요금	料金	료-낑
버스 터미널	バスタ-ミナル	바스타-미나루
정류장	停留所	테-류-죠
주유소	ガソリンスタンド	가소린스탄도
출발	出発	슛빠쯔
도착하다	着く	쯔꾸

5. 호텔의 이용!

❶ 호텔의 예약!

요즘은 일본 여행자의 대부분이 출발전 한국에서 호텔예약을 하거나, 또는 본인이 직접 인터넷을 통해 예약을 합니다. (인터넷을 통해 호텔의 위치, 객실구조, 교통편까지 확인이 가능함) 예약을 한 후 호텔예약확인증(바우처)을 받아서 준비해 가시면 되겠습니다. 현지 호텔을 정할 때 가장 중요한 사항은 교통이 편리한지, 시설은 낙후되지 않았는지, 가격은 적당한지가 되겠습니다. 예약시에는 원하는 방의 종류, 도착일, 숙박일수, 항공편 등을 알려 주어야 하며, 현지에서 예약할 경우는 직접 전화를 하거나 여행 안내소에 예약을 부탁하면 됩니다.

❷ 일본에서의 예약

ⓐ 웰컴인즈 예약센터 : 호텔에서 민박에 이르기까지 거의 모

빠르게 찾고 쉽게 말하는 여행회화! 여러분의 여행을 보다 즐겁고 편안하게 만들어 드립니다!!

호텔은 이렇게 이용!

든 숙박시설의 예약이 가능한 시스템으로, 웰컴인즈(Welcome Inns) 예약센터는 일본국제관광센터에서 운영하고 있으며, 예약을 하려면 JNTO 사무소에 비치된 예약 신청서를 작성해서 출발 2주전까지 웰컴인즈 예약센터로 발송하면 됩니다. 도쿄 웰컴인즈 예약센터 : (☎03-3580-8353)

ⓑ **일본료칸협회(Japanese Inn Group)** : 일본료칸협회는 전국의 일본식 전통여관을 여행자들에게 소개하는 단체로 특히 외국관광객들의 편의를 고려해 친절하고 정갈한 곳을 엄선해서 연결시켜 주는 곳입니다. 1인당 가장 경제적인 숙박료는 평균 5,000엔 정도이며 리스트는 JNTO 서울사무소나 일본에 있는 TIC(여행정보센터)에 문의하면 됩니다. 일본관광료칸연맹 : (☎03-3201-5568)

❸ 호텔이용법

카운터의 벨을 눌러 주세요!

ⓐ **체크인** : 체크인(check in)은 프론트데스크에서 합니다. 예약을 미리 해놓은 상태라면 직원에게 이름을 말하고, 예약확인서(바우쳐)를 제시하십시오. 그러면 직원은 예약리스트 또는 예약카드를 조회한 후 숙박신고서를 주며, 기재를 요구할 것입니다. 숙박신고서에는 보통 이름(氏名 name), 주소(住所 address), 직업(職業 occupation), 도착일(到着日 arrival date), 출발일(出発日 departure date), 여권번호(旅券番号 passport number) 등을 기재하도록 되어 있습니다. 양식은 한문과 영문으로 되어 있습니다.

ⓑ **체크아웃** : 호텔의 숙박료는 하루, 즉 24시간 단위로 받습니다. 통상 정오에서 이튿날 정오까지이며, 체크아웃 타임(check-out time)은 보통 10시 12시입니다. 그 이상 호텔

5. 호텔의 이용!

에 더 머물게 되면 할증요금이나 하루치의 숙박요금을 추가로 지불해야 합니다. 호텔계산서에는 숙박한 일수, 룸서비스를 이용해 드신 것의 요금, 식사대(호텔의 레스토랑 또는 바에서 사인한 청구서 등), 호텔에서 외부에 건 전화사용요금, 세탁료, 유료TV시청료 등이 정산되는데 계산이 정확히 맞는 것인지 한 번쯤 확인해 보십시오. 체크아웃 시간을 초과하면 할증요금이나 하루치의 숙박요금을 더 물게 됩니다. 요금을 지불하는 방식으로는 ⓐ 크레디트 카드와 ⓑ 현금으로 지불하는 방법 두 가지가 있습니다. 크레디트 카드로 지불할 경우, 접수원은 카드번호를 체크하고, 카드의 유효상태를 확인 조회할 것입니다. 현금으로 지불할 경우 대부분 보증금을 요구하는데 일반적으로 숙박 일수의 상당액을 요구할 것입니다. 그리고 여행자수표(**traveler's check**)는 현금과 같이 취급됩니다. 호텔계산서에는 숙박한 일수, 룸서비스를 이용해 드신 것의 요금, 식사대(호텔의 레스토랑 또는 바에서 사인한 청구서 등), 호텔에서 외부에 건 전화요금, 세탁료 등이 게산되는데, 계산액이 정확히 맞는지 다시 한번 확인해 봅니다.

✚ 숙박확인증(宿泊確認證)

숙박신고서의 기입과 요금지불 방법의 확인 및 보증금의 지불이 끝나면 호텔에서는 이용자에게 방번호, 숙박요금, 도착일, 출발일 등을 기록한 숙박확인증(**registration confirmation**)을 줍니다. 보증금을 지불했을 경우에는 영수액도 기록되는데, 투숙객은 기재사항에 오류가 없는지 분명히 확인하여야 합니다. 이 확인증은 나중에 회수되지는 않지만 호텔내에서 식사를 할 때 확인증의 제시를 요청하는 경우가 가끔 있습니다. (숙박비에 식사대가 포함된 경우)

빠르게 찾고 쉽게 말하는 여행회화! 여러분의 여행을 보다 즐겁고 편안하게 만들어 드립니다!!

❶ 체크인(예약시)

❶ 예약하셨습니까?

❷ 예약했습니다.

❸ 예, 저는 김입니다만.

❹ 5박을 예약 했습니다.

❺ 예, 303호실입니다.

❻ 여기에 사인을 부탁드립니다.

❼ 이 귀중품을 맡아 주십시오.

金 (기무) : 김
5泊 (고하꾸) : 5박
~号室 (고-시쯔) : ~호실

5. 호텔의 이용!

❶ ご予約なさいましたか。
고요야꾸나사이마시따까

❷ 予約しました。
요야구시마시따

❸ はい。金ですが。
하이 키무데스가

❹ 5泊の 予約を して います。
고하꾸노 요야꾸오 시떼 이마스

❺ はい, 303号室です。
하이 산마루산고-시쯔데스

❻ ここに サインを お願いします。
고꼬니 사잉오 오네가이시마스

❼ この 貴重品を 預かって いただけますか。
고노 기쬬-힝오 아즈깟떼 이따다케마스까

앗! 단어짱!

ここ (고꼬) : 여기

サイン (사잉) : 사인

貴重品 (기쬬-힝) : 귀중품

빠르게 찾고 쉽게 말하는 여행회화! 여러분의 여행을 보다 즐겁고 편안하게 만들어 드립니다!!

❷ 체크인(미예약) 1.

❶ 어서 오십시오.

❷ 방을 예약하고 싶습니다.

❸ 오늘밤 묵을 수 있습니까?

❹ 죄송합니다만, 만실입니다.

❺ 조용한 방이 있습니까?

❻ 1인실로 부탁합니다.

❼ 며칠간 머무르십니까?

❽ 오늘밤부터 3일간 머물겠습니다.

❾ 방값은 얼마입니까?

5. 호텔의 이용!

❶ いらっしゃいませ。
이랏샤이마세

❷ 部屋を 予約したいんですが。
헤야오 요야꾸시따인데스가

❸ 今晩 泊まれますか。
곰방 토마레마스까

❹ 申し訳 ございませんが, 満室でございます。
모-시와께 고자이마셍가 만시쯔데고자이마스

❺ 静かな 部屋は ありますか。
시즈까나 헤야와 아리마스까

❻ シングル ルームを お願いします。
싱구루 루-무오 오네가이시마스

❼ どのぐらいの ご滞在ですか。
도노구라이노 고타이자이데스까

❽ 今晩から 3泊します。
곰방까라 산빠꾸 시마스

❾ 部屋代は いくらですか。
헤야다이와 이꾸라데스까

빠르게 찾고 쉽게 말하는 여행회화! 여러분의 여행을 보다 즐겁고 편안하게 만들어 드립니다!!

❸ 체크인(미예약) 2.

❿ 좀 더 싼 방은 없습니까?

⓫ 요금에 조식포함입니까?

⓬ 서비스료가 포함된 것입니까?

⓭ 세금은 포함되었습니까?

⓮ 체크아웃은 언제입니까?

⓯ 지금 곧 방으로 들어 갈 수 있습니까?

⓰ 방을 보여주세요.

もっと (못또) : 좀 더
安い (야스이) : 싼
部屋 (헤야) : 방

5. 호텔의 이용!

❿ もっと 安い 部屋は ありませんか。
못또 야스이 헤야와 아리마셍까

⓫ 料金は 朝食 付きですか。
료-낑와 쵸쇼꾸 쯔끼데스까

⓬ サービス料は 入って いますか。
사-비스료-와 하잇떼 이마스까

⓭ 税金は 含まれて いますか。
제-낑와 후꾸마레떼 이마스까

⓮ チェック アウトは 何時ですか。
쳇쿠 아우토와 난지데스까

⓯ 今すぐ 陪屋に 入れますか。
이마 수구 헤야니 하이레마스까

⓰ 部屋を 見せて ください。
헤야오 미세떼 쿠다사이

앗! 단어짱!

料金 (료-낑) : 요금
朝食 (쵸쇼꾸) : 조식
税金 (제-낑) : 세금

빠르게 찾고 쉽게 말하는 여행회화! 여러분의 여행을 보다 즐겁고 편안하게 만들어 드립니다!!

④ 객실의 이용!

❶ 룸 서비스를 불러 주십시오.

❷ 모닝콜을 부탁합니다.

❸ 내일 아침 7시 반에 부탁합니다.

❹ 구두를 닦아 주십시오.

❺ 다리미질을 부탁합니다.

❻ 에어컨이 작동하지 않습니다.

❼ 뜨거운 물이 안나와요.

❽ 화장실 물이 안나와요.

❾ 방을 좀 더 따뜻하게 해주세요.

5. 호텔의 이용!

❶ ルーム サービスを 呼んで ください。
루-무 사-비스오 욘데 쿠다사이

❷ モーニング コールを お願いします。
모-닝구 코-루오 오네가이시마스

❸ 明日の朝 7時半に お願いします。
아시따노아사 시찌지한니 오네가이시마스

❹ 靴を みがいて ください。
구쯔오 미가이떼 쿠다사이

❺ アイロンを かけて ください。
아이롱오 가께떼 쿠나사이

❻ エアコンが 動いて いません。
에아콩가 우고이떼 이마셍

❼ お湯が でないんです。
오유가 데나인데스

❽ トイレの 水が 出ないんです。
토이레노 미즈가 데나인데스

❾ 部屋を もっと 暖かくして ください。
헤야오 못또 아따따까꾸시떼 쿠다사이

빠르게 찾고 쉽게 말하는 여행회화! 여러분의 여행을 보다 즐겁고 편안하게 만들어 드립니다!!

❺ 프론트의 이용

❶ 열쇠를 방에 두고 왔습니다.

❷ 제게 온 메시지가 있습니까?

❸ 이 우편물 좀 부쳐 주십시오.

❹ 이 짐을 맡아 주실 수 있습니까?

❺ 맡긴 짐을 찾고 싶습니다.

❻ 식당은 어디에 있습니까?

❼ 커피숍은 몇 시에 문을 엽니까?

❽ 비상구는 어디에 있습니까?

❾ 구내전화는 어디에 있습니까?

5. 호텔의 이용!

❶ 鍵を 部室に 忘れてきました.
카기오 헤야니 와스레떼키마시따

❷ わたしあての 伝言は ありますか.
와따시아떼노 텐공와 아리마스까

❸ この 郵便物を 送って ください.
코노 유-빈부쯔오 오꼿떼 쿠다사이

❹ この 荷物を 預かって もらえますか.
고노 니모쯔오 아즈깟떼 모라에마스까

❺ 預けた 荷物を もらいたいです.
아즈께따 니모쯔오 모라이따이데스

❻ 食堂は どこに ありますか.
쇼꾸도-와 도꼬니 아리마스까

❼ コーヒーショップは 何時に オープンしますか.
고-히-숍푸와 난지니 오-푼시마스까

❽ 非常口は どこに ありますか.
히죠-구찌와 도꼬니 아리마스까

❾ 構内電話は どこに ありますか.
코-나이뎅와와 도꼬니 아리마스까

빠르게 찾고 쉽게 말하는 여행회화! 여러분의 여행을 보다 즐겁고 편안하게 만들어 드립니다!!

❻ 체크아웃!

❶ 하루 더 묵고 싶습니다.

❷ 체크아웃 하겠습니다.

❸ 청구서를 가져와 주십시오.

❹ 계산서를 부탁합니다.

❺ 여행자수표를 받습니까?

❻ 여행자 수표로 지불하겠습니다.

❼ 잘 지냈습니다.

앗! 단어짱!

もう (모-) : 더
請求書 (세-뀨-쇼) : 청구서
会計 (가이케이) : 계산서

5. 호텔의 이용!

❶ もう 一泊したいです。
모- 잇빠꾸시따이데스

❷ チェック アウトします。
첵쿠아우토시마스

❸ 請求書を 持って 来て ください。
세-뀨-쇼오 못떼 키떼 쿠다사이

❹ 会計を お願いします。
가이케이오 오네가이시마스

❺ トラベラ-ズ チエツクは 受取りますか。
토라베라-스 첵크와 우께또리미스까

❻ トラベラ-ズ チエツクで お願いします。
토라베라-즈 첵크데 오네가이시마스

❼ 楽に すごしました。
라꾸니 스고시마시따

앗! 단어짱!

~ください (쿠다사이) : ~해주세요

チェック (첵크) : 수표

楽に (라꾸니) : 잘, 즐겁게

빠르게 찾고 쉽게 말하는 여행회화! 여러분의 여행을 보다 즐겁고 편안하게 만들어 드립니다!!

호텔 관련 단어들!

● 체크인시 필요한 용어

프런트	フロント	후론토
예약	予約	요야꾸
숙박하다	泊る	토마루
객실	部屋	헤야
숙박비	部屋代	헤야다이
싱글 베드	シングル	싱구루
더블 베드	ダブル	다부루
트윈 베드	ツイン	츠인
목욕	お風呂	오후로
샤워	シャワ-	샤와-
욕실 있는 방	バス付の部屋	바스쯔끼노헤야
욕실 없는 방	バスなしの部屋	바스나시노헤야
빈방	空いた 部屋	아이따 헤야
숙박부	宿帳	야도쪼-
에어컨	冷房	레-보-
난방	暖房	담보-
열쇠	鍵	카기

5. 호텔의 이용!

| 우편 | 郵便 | 유-빙 |

● 객실 관련 용어

라디오	ラジオ	라지오
텔레비전	テレビ	테레비
재떨이	灰皿	하이자라
봉투	封筒	후-또-
전화	電話	뎅와
옷걸이	ハンガ-	항가-
담요	毛布	모-후
비누	石けん	섹껭
치약	歯みがき	하미가끼
칫솔	歯ブラシ	하부라시
베개	まくら	마꾸라
세탁물	洗濯物	센따꾸모노
물	お水	오미즈
더운물	お湯	오유
화장실	トイレ	토이레
욕실	風呂場	후로바

빠르게 찾고 쉽게 말하는 여행회화! 여러분의 여행을 보다 즐겁고 편안하게 만들어 드립니다!!

호텔 관련 단어들!

○ 호텔 식당 관련 용어

식당	食堂	쇼꾸도-
아침식사	朝ご飯	아사고항
아침식사	朝食	쵸-쇼꾸
점심식사	昼ご飯	히루고항
점심식사	お昼	오히루
저녁식사	夕飯	유-항
저녁식사	夕食	유-쇼꾸
우유	ミルク	미루쿠
커피	コーヒー	코-히-
크림	クリーム	쿠리-무
홍차	紅茶	고-쨔
설탕	砂糖	사또-
베이컨	ベーコン	베-콘
달걀	卵	다마고
완숙	堅ゆで	카따유데
반숙	半熟	한쥬꾸
삶은 달걀	ゆでたまご	유데따마고

5. 호텔의 이용!

계란 프라이	目玉やき	메다마야끼
스크램블드 에그	スクランブル	스쿠람부루
햄 에그	ハムエッグ	하무엑구
오믈렛	オムレツ	오므렛츠

● 룸서비스 관련 용어

룸 서비스	ルーム・サービス	루-무 사-비스
이발소	理髪店	리하쯔뗑
미용실	美容院	비요-잉
신문	新聞	심붕
지도	地図	찌즈
영수증	受け取り	우께또리
서비스료	サービス料	사-비스료-
세금	税金	제-낑
국제전화	国際電話	고꾸사이뎅와
국내전화	国内電話	고꾸나이뎅와

잠깐! 숙소 정보!

✚ 일본의 숙박시설들

ⓐ **특급 호텔** : 특급 호텔에는 영어를 구사하는 호텔직원이 서비스를 하고 있으며, 컴퓨터, 인터넷, 각종 사무기기도 이용할 수 있습니다. 대부분의 고급호텔은 인접 국제공항간의 리무진 버스를 운행하고 있으며 일본호텔협회 소속의 모든 호텔들은 예외없이 높은 수준의 서비스와 시설을 갖추고 있습니다. 요금은 평균 1박당 2~30,000엔 수준입니다.

ⓑ **비지니스 호텔** : 특급 호텔보다 싼 숙박시설로 국내외 여행자들이 가장 많이 이용하는 숙소입니다. 대부분 철도역이나, 지하철역 가까운 곳에 있으며 룸 서비스가 없고, 각 층의 복도에는 간이식품이나 음료를 판매하는 자판기가 설치되어 있으며 호텔내에는 한 두곳 정도의 식당이 있습니다. 객실은 주로 욕조가 딸린 싱글, 트윈으로 나뉘는데 숙박료는 10,000엔 안팎입니다.

ⓒ **료칸(旅館)** : 일본의 전통과 정취를 그대로 느낄 수 있는 숙박시설로 전국에 약 2,100여 개소의 료칸이 있습니다. 바닥에는 다다미가 깔려있고, 방문은 '후스마'라고 불리는 창호지로 된 문이며, 방 한쪽에는 작은 탁자가 놓여져 있습니다. 목욕탕은 공중 목욕탕 형식으로 되어 있습니다. 식대는 숙박료에 포함되어 있는데 숙박료는 8,000엔에서부터 20,000엔 이상이며, 세금과 서비스료는 따로 지불해야 합니다.

ⓓ **민슈쿠(民宿)** : 일종의 민박시설로 숙박료는 아침, 저녁 두끼를 포함해서 6,500~9,500엔 정도입니다. 일본 국제관광진흥회(JNTO)에서 민슈쿠 가정을 소개하고 있습니다. 전화를 하시거나 시청역 프레스센터 10층으로 직접 방문하여 문의하시면 되겠습니다.

6. 식당과 요리!

❶ 일본의 식당

ⓐ **호텔의 조식** : 호텔에 머물 경우, 아침식사는 보통 호텔조식으로 해결됩니다. 호텔 아침식사는 양식과 일식이 준비되는데 일식은 和食으로 표기 됩니다. 웬만한 호텔들은 두 가지 다 준비해서 뷔페식으로 제공하거나 호텔내 원하는 식당에서 식사를 할 수 있도록 하고 있습니다.

ⓑ **레스토랑** : 일본의 레스토랑은 수준 높기로 유명합니다. 고급 중국요리에서 프랑스, 이태리의 최고급 요리와 서비스를 제공하는 곳이 상당히 많으며, 대부분의 고급 레스토랑은 특급 호텔이나 도쿄의 긴자, 롯폰기, 아카사카나 하라주쿠 등에 위치합니다. (예약필수)

주문과 식사법!

ⓒ **간이식당** : 대표적인 간이식당으로 '다치구이'가 있는데, '서서 먹는 간이식당'을 말합니다. 소바, 우동, 카레라이스, 규돈(쇠고기 덮밥)을 판매합니다. 가격은 면류가 250~300엔, 덮밥류, 카레라이스, 규돈은 500엔 정도입니다.

ⓓ **가이텐즈시**(回転すし) : 회전 초밥집을 말하며, 한 접시에 120~200엔 정도입니다. 포장도 되며, 오차는 셀프서비스입니다.

ⓔ **오벤토야**(お弁当屋) : 도시락집을 말하는데, 주택가나 골목어귀 및 기차역 가판점, 편의점 등지에서 쉽게 먹을 수 있습니다. 이미 만들어진 도시락은 700엔, 만들어 파는 것은 1,000엔 정도입니다.

❷ 일본의 대표요리!

ⓐ **오스시**(お寿司) : 손으로 주물러 만든 밥 위에 생선과 야채를 얹은 요리로 일본의 대표적인 요리입니다.

ⓑ **사시미**(さしみ) : 이카(오징어), 히라메(광어), 다코(문어), 다이(도미), 마구로(참치) 등을 이용해 만든 회요리입니다. 사시미는 간장과 와사비, 야쿠미 등의 양념에 찍어 먹습니다.

ⓒ **야키도리**(焼き鳥) : 닭의 각 부위를 꼬챙이에 꽂아, 숯불에 굽는 닭꼬치 구이로 술안주나 간식으로 좋습니다.

ⓓ **스키야키**(すき焼き) : 얇게 저민 쇠고기에 각종 야채와 두부, 설탕, 간장으로 맛을 낸 전골요리입니다.

6. 식당과 요리

ⓔ **샤부샤부**(しゃぶしゃぶ) : 쇠고기 전골요리로 각종 야채를 육수에 넣고 끓인 다음, 얇게 저민 쇠고기를 살짝 익혀 야채와 함께 간장소스와 깨트린 날달걀에 찍어 먹는 요리입니다.

ⓕ **돈부리**(どんぶり) : 밥위에 쇠고기, 닭고기, 새우, 달걀 양파 등을 얹고 양념을 해서 먹는 요리입니다.

ⓖ **라멘**(ラ-メン) : 우리나라의 라면과 비슷하지만 인스턴트 식품이 아니고, 중국식 밀가루 국수에 간장, 된장, 콩나물, 죽순, 돼지고기 등을 곁들여 만든 요리입니다. 종류로는 간장라면, 소금라면, 된장라면 등이 있습니다.

ⓗ **소바**(そば)
고구마 전분과 계란을 첨가한 메밀국수로, 잘게 썰은 파와 갈은 무우를 섞은 장에 찍어 먹습니다.

✚ 동경의 식당가!

일본의 식당들은 도시 중심가의 오피스 빌딩 지하, 백화점과 도심 쇼핑센터의 식당가나 철도역의 지하도 등에 있으며, 점심 시간이 되면 인근 사무실 사람들로 붐벼서, 맛있고 저렴한 식당은 몇 십분씩 줄을 서서 기다려야 합니다. 식당의 쇼케이스에는 메뉴와 가격표가 있으니 충분히 살펴 본 후 들어 가도록 합니다. 식사는 대개 테이쇼쿠(定食)를 먹는데 가격은 1,000~1,500엔 정도이며, 면종류는 500엔 내외, 밥종류는 500~700엔이며 팁은 없습니다.

빠르게 찾고 쉽게 말하는 여행회화! 여러분의 여행을 보다 즐겁고 편안하게 만들어 드립니다!!

① 식당의 예약

❶ 이 근처에 레스토랑이 있습니까?

❷ 이 거리에 중국 음식점이 있습니까?

❸ 좋은 일식집을 소개해 주십시오.

❹ 그다지 비싸지 않은 음식점이 좋습니다.

❺ 그곳에 가는데 예약이 필요한가요?

❻ 8시에 네 사람의 자리를 예약하고 싶습니다.

❼ 저는 이입니다.

近くに (찌까꾸니) : 근처에
通りに (토-리니) : 거리에
店 (미세) : 가게

6. 식당과 요리

❶ この 近くに レストランが ありますか。
고노 찌까꾸니 레스토랑가 아리마스까

❷ この 通りに 中国料理の 店が ありますか。
고노 토-리니 쮸-고꾸료-리노 미세가 아리마스까

❸ お勧めの 和食店が あったら 紹介してください。
오스스메노 와쇼꾸뗀가 앗따라 쇼-카이시떼쿠다사이

❹ あまり 高くない レストランが いいです。
아마리 타까꾸나이 레스또랑가 이이데스

❺ そこに いくには 予約が 必要ですか。
소꼬니 이꾸니와 요-야꾸가 히쯔요-데스까

❻ 8時に 4人の 予約を したいのですが。
하찌지니 요닌노 요야꾸오 시따이노데스가

❼ 私の 名前は 李です。
와따시노 나마에와 이데스

あまり (아마리) : 그다지
いい (이이) : 좋은
そこに (소꼬니) : 그곳에

❷ 식당 입구에서!

❶ 어서 오십시오.

❷ 예약을 하셨습니까?

❸ 네, 했습니다.

❹ 아니오, 하지 않았습니다.

❺ 몇 분이십니까?

❻ 다섯 사람입니다.

❼ 이쪽으로 오십시오.

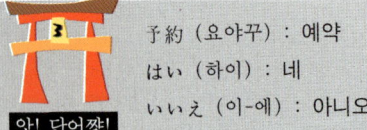

予約 (요야꾸) : 예약
はい (하이) : 네
いいえ (이-에) : 아니오

앗! 단어짱!

6. 식당과 요리

❶ いらっしゃいませ。
이랏샤이마세

❷ ご予約を されましたか。
고요야꾸오 사레마시따까

❸ はい, しました。
하이 시마시따

❹ いいえ, しませんでした。
이-에 시마센데시따

❺ 何名さまですか。
난메-사마데스까

❻ 五人です。
고닌데스

❼ こちらへ どうぞ。
고찌라에 도-조

앗! 단어짱!

何名 (난메-) : 몇 명

五人 (고닌) : 다섯 사람

こちらへ (고찌라에) : 이쪽으로

빠르게 찾고 쉽게 말하는 여행회화! 여러분의 여행을 보다 즐겁고 편안하게 만들어 드립니다!!

❸ 식사의 주문!

❶ 메뉴를 보여 주십시오.

❷ 맛있는 것을 소개해 주세요.

❸ 이 동네의 명물요리는 무엇입니까?

❹ 오늘의 특별요리는 무엇입니까?

❺ 가장 빨리 되는 요리는 무엇입니까?

❻ 일품요리를 원합니다.

❼ 스페셜 요리를 먹겠습니다.

❽ 정식을 주십시오.

❾ 이것을 먹겠습니다.

6. 식당과 요리

❶ メニューを 見せて ください。
메뉴-오 미세떼 쿠다사이

❷ 何か おいしいものを 紹介して ください。
나니까 오이시-모노오 쇼-까이시떼 쿠다사이

❸ この 土地の 名物料理は 何ですか。
고노 토찌노 메이부쯔료~리와 난데스까

❹ 今日の おすすめ 料理は なんですか。
쿄-노 오스스메 료-리와 난데스까

❺ 一番早く できる 料理は なんですか。
이찌방하야꾸 데끼루 료-리와 난데스까

❻ 一品料理が ほしいんですが。
잇뻥료-리가 호시인데스가

❼ おすすめ 料理を いただきます。
오스스메 료-리오 이따다끼마스

❽ 定食を ください。
테-쇼꾸오 쿠다사이

❾ これを ください。
고레오 쿠다사이

■ 빠르게 찾고 쉽게 말하는 여행회화! 여러분의 여행을 보다 즐겁고 편안하게 만들어 드립니다!!

④ 식사 중의 회화!

❶ 맛이 어떻습니까?

❷ 맛있습니다.

❸ 너무 단 맛입니다.

❹ 먹는 법을 가르쳐 주십시오.

❺ 이것을 일본어로 뭐라고 합니까?

❻ 주문한 요리가 아직 안 나왔습니다.

❼ 이것은 제가 주문한 것이 아닙니다.

❽ 이것 좀 더 주십시오.

❾ 물 좀 주십시오.

6. 식당과 요리

❶ お味は いかがですか。
오아지와 이까가데스까

❷ とても おいしいです。
토떼모 오이시-데스

❸ 甘すぎます。
아마스기마스

❹ 食べ方を 教えて ください。
다베까따오 오시에떼 쿠다사이

❺ これ, 日本語で 何といいますか。
고레 니홍고데 난또이-마스까

❻ 注文した料理が まだ 来ません。
츄-몬시따료-리가 마다 끼마셍

❼ これは わたしが 注文したものではありません。
고레와 와따시가 츄-몬시따모노데와아리마셍

❽ これを もう少し ください。
고레오 모-스꼬시 쿠다사이

❾ 水を 下さい。
미즈오 쿠다사이

빠르게 찾고 쉽게 말하는 여행회화! 여러분의 여행을 보다 즐겁고 편안하게 만들어 드립니다!!

❺ 식사 후의 회화!

❶ 디저트 드시겠습니까?

❷ 커피를 주십시오.

❸ 아이스크림을 주십시오.

❹ 홍차를 주십시오.

❺ 우유 홍차입니까, 레몬 홍차입니까?

❻ 과일을 갖다 주십시오.

❼ 커피를 더 주시겠습니까?

앗! 단어짱!

デザート (데자-토) : 디저트
コーヒー (코-히-) : 커피
ミルク (미루쿠) : 우유

6. 식당과 요리

❶ デザートは いかがですか。
데자-토와 이까가데스까

❷ コーヒーを お願いします。
코-히-오 오네가이시마스

❸ アイスクリームを お願いします。
아이스쿠리-무오 오네가이시마스

❹ 紅茶を お願いします。
고-쨔오 오네가이시마스

❺ ミルク ティーですか, レモン ティーですか。
미루쿠 티-데스까 레몬 티-데스까

❻ 果物を 持って来て ください。
쿠다모노오 못떼기떼 쿠다사이

❼ コーヒーを もう 少し いれてください。
코-히-오 모- 스꼬시 이레떼쿠다사이

앗! 단어쨩!

レモン (레몬) : 레몬
果物 (구다모노) : 과일
少し (스꼬시) : 조금

빠르게 찾고 쉽게 말하는 여행회화! 여러분의 여행을 보다 즐겁고 편안하게 만들어 드립니다!!

❻ 음식값의 계산!

❶ 계산서를 주십시오.

❷ 1만엔입니다.

❸ 서비스료가 포함되어 있습니까?

❹ 네, 포함되어 있습니다.

❺ 아니오, 포함되지 않았습니다.

❻ 비자카드를 받나요?

❼ 영수증을 주십시오.

앗! 단어쨩!

勘定 (깐죠-) : 계산서
一万 (이찌망) : 1만
サ-ビス料 (사-비스료-) : 서비스료

6. 식당과 요리

❶ お勘定を お願いします。
오깐죠-오 오네가이시마스

❷ 一万円です。
이찌망엔데스

❸ サ-ビス料が 含まれていますか。
사-비스료-가 후꾸마레떼이마스까

❹ はい, 含まれています。
하이 후꾸마레떼이마스

❺ いいえ, 含まれていません.
이-에 후꾸마레떼이마셍

❻ ビザカ-ドは 受け取りますか。
비자카-도와 우께토리마스까

❼ レシ-トを ください。
레시-토오 쿠다사이

ビザカ-ド (비자카-도) : 비자카드
レシ-ト (레시-토) : 영수증

앗! 단어짱!

식사 관련 단어들!

◯ 요리 관련 단어 표현

식사	食事	쇼꾸지
식당	食堂	쇼꾸도-
특별요리	特別料理	도꾸베쯔료-리
한국요리	韓国料理	캉꼬꾸료-리
일품요리	一品料理	잇뻥료-리
정식	定食	테-쇼꾸
고기	肉	니꾸
쇠고기	牛肉	규-니꾸
돼지고기	豚肉	부따니꾸
양고기	羊の肉	히쯔지노니꾸
닭고기	鶏の肉	도리노니꾸
칠면조	七面鳥	시찌멘쬬-

◯ 해산물 관련 단어 표현

생선	魚	사까나
굴	かき	카끼
새우	えび	에비

6. 식당과 요리

바닷가재	いせえび	이세에비
게	かに	가니
문어	たこ	다꼬
오징어	いか	이까
대구	たら	타라
연어	さけ	사께
참치	まぐろ	마구로

● 야채 관련 단어 표현

야채	野菜	야사이
무	大根	다이꽁
오이	きゅうり	큐-리
당근	にんじん	닌징
마늘	にんにく	닌니꾸
양파	たまねぎ	다마네기
파	ねぎ	네기
콩나물	もやし	모야시
가지	なすび	나스비
시금치	ほうれん草	호-렌소-

빠르게 찾고 쉽게 말하는 여행회화! 여러분의 여행을 보다 즐겁고 편안하게 만들어 드립니다!!

식사 관련 단어들!

배추	白菜	하꾸사이
죽순	筍(竹の子)	다께노꼬
양송이	マッシュル-ム	맛슈루-무
양배추	キャベツ	캬베츠
야채절임	漬物	쯔께모노
초무침	酢の物	스노모노

◆ 과일 관련 단어 표현

과일	果物	쿠다모노
과일	フルーツ	후루-츠
수박	西瓜	스이까
사과	りんご	링고
포도	ぶどう	부도-
멜론	メロン	메론
복숭아	桃	모모
밤	栗	구리
토마토	トマト	토마토

6. 식당과 요리

● 디저트 관련 단어 표현

후식	デザ-ト	데자-토
토스트	ト-スト	토-스토
버터	バタ-	바타-
잼	ジャム	쟈무
케이크	ケ-キ	케-끼
음료	飮(み)物	노미모노
커피	コ-ヒ-	코-히-
물	お水, 水	오미즈, 미즈
홍차	紅茶	고-쨔
일본차	お茶	오쨔
칵테일	カクテル	가쿠테루
맥주	ビ-ル	비-루
정종	日本酒	니혼슈
위스키	ウイスキ-	우이스키-
포도주	ぶどう酒	부도-슈
소주	燒酒	쇼-쮸-
주문하다	注文する	쮸-몽스루

식사 관련 단어들!

● 기타 음식 관련 단어 표현

간장	しょうゆ	쇼-유
소금	しお	시오
안주	おつまみ	오쯔마미
밥	ご飯	고항
우동	うどん	우동
메밀국수	そば	소바
빵	パン	팡

✚ 일본의 주점들

가격이 저렴한 술집으로는 비어홀이나, 이자카야, 퍼브 등이 있습니다. 이자카야는 우리의 선술집에 해당합니다. 이자카야는 '로바다야키 퍼브', '아카초친바', '야키도리야' 등이 있습니다. 로바다야키 퍼브에서는 해산물을 손님이 보는 앞에서 직접 요리해 주기도 합니다. 아카초친바는 입구에 달린 붉은 호롱불의 이름을 딴 술집으로 갖가지 주류 및 일품요리를 제공하고 있습니다. 야키토리야는 닭고기나 기타 야채 등을 재료로 한 꼬치구이를 전문으로 하는 일본 술집입니다. 그리고 좀더 비싼 곳으로는 캬테일 라운지와 카바레가 있으며, 이외에 체인식 주점인 스시인, 요로노타키, 쓰보하치, 덴구 등도 저렴하게 술과 요리를 먹을 수 있는 곳입니다.

7. 쇼핑용 회화!

❶ 일본의 쇼핑가!

일본 여행 중 쇼핑할 만한 장소로는 호텔의 아케이드나 쇼핑센터, 면세점, 백화점이나 전문 취급점들이 있습니다. 면세점을 이용할 경우는 여권을 제시하여야 하며 관세 및 주세에 대한 면세쇼핑은 국제공항 면세점에서만 가능합니다. 도심가의 유명한 면세점들은 도쿄의 국제 아케이드와 교토의 수공예품 센터에 많이 있습니다. 특히 도매상가인 신주쿠와 이케부쿠로, 우에노, 아키하바라 지역에서는 카메라와 가전제품들을, 오사카의 니혼바시에서는 전기, 컴퓨터 제품을, 도쿄의 쓰키지와 오카치마치에서는 식료품과 잡화류를, 아메요코초는 의류, 피혁제품, 잡화류를 싸게 팔고 있습니다.

쇼핑 노하우!!!

❷ 쇼핑품목

일본에서 쇼핑하면 좋은 주요 품목들로는 전자제품, 카메라, 공예품 및 다기 그리고 도자기 등이 있습니다.

ⓐ **전자제품** : 아키하바라와 신주쿠 역 주변의 전자제품 상가에서 구입하는 것이 경제적입니다. 신주쿠 역에서 내려 히가시구치 출구로 나오게 되면, 그 주변에 대형 전자, 광학, 가전제품 상가가 늘어서 있습니다. 요도바시 카메라, 사쿠라야 전자상가, 빅꾸 카메라 등이 대표적인 상가로서 카메라와 포터블 텔레비전, 캠코더, 오디오, 비디오 등을 구입할 수 있습니다. 가격은 상점마다 출고된 시기와 모델명에 따라 같은 제품이라고 하더라도 조금씩 다릅니다. 최근에는 DVD와 핸디캠코너, 디지털카메라가 인기있는 제품군으로 떠올랐습니다. 우리나라의 용산 전자상가와 같은 아키하바라에서는 최신형의 PC(파소콩), 노트북, 주변기기, 게임기와 다양한 최신의 소프트웨어를 구입할 수 있으며, 새것 같은 중고품 매장들을 발견하실 수 있습니다. (단 제품구입시 우리나라의 컴퓨터 구동환경과 호환이 되는지 반드시 확인하도록 합니다)

ⓑ **시계 & 진주** : 시계는 호텔 아케이드나 보석상, 백화점 등지에서도 구입할 수 있지만, 시계전문 상가에서 구입하는 것이 바람직합니다. 신주쿠의 요도바시 카메라, 사쿠라야, 빅꾸카메라에서 값싸게 구입할 수 있습니다. 가격은 1,000~50,000엔까지 다양합니다. 진주는 백화점이나 호텔의 아케이드, 공항 면세점에서 구입하는 것이 좋은데 구입시에는 크기, 모양, 색상을 따져봐야 하고 가격은 형태, 크기, 광택에 따라 다양합니다. 그리고 구입시에 제품의 품질 보증서는 반드시 챙겨야 하겠습니다.

7. 쇼핑용 회화

ⓒ **고서적과 골동품 시장** : 일본의 모든 책이 모여 있는 곳 바로 아키하바라 옆에 있는 '간다'(神田)이며, 또 아키하바라 서쪽지역인 진보초의 야스쿠니도리와 하쿠산도리에도 세계적으로 유명한 고서점이 1백30여 개가 넘게 밀집되어 있습니다. 그중에서도 기타자와쇼텐, 고미야야마쇼텐, 산세이도쇼텐 등이 대표적인 서점이며, 가장 널리 알려져 있습니다. 일본 골동품에 관심이 있다면, 일년에 5차례 열리는 도쿄 앤티크 페어(Tokyo Antique Fair)에서 2백점 이상의 일본 골동품을 볼 수 있습니다. 기간은 3, 5, 6, 9, 12월에 3일 동안 열립니다.
문의처 : (☎03 3980-8228)

✚ 전자제품 구입시 유의사항

❶ 일본의 가전제품은 110V용입니다. 220V 제품을 원한다면 아키하바라보다는 신주쿠에서 구입하는 것이 좋습니다.

❷ 일본의 모든 상품에는 5%의 소비세가 붙습니다. 그렇지만 해외 여행자의 경우 요도바시 카메라나 빅꾸 카메라 등 큰 매장의 전문상가에서는 세금을 면제 받을 수 있습니다. 단, 물건값을 지불할때 여권과 돌아가는 비행기 티켓을 제시하여야 합니다.

❸ 신주쿠와 아키하바라의 전자제품을 비교해보면 가격면에서는 아키하바라가 좀더 저렴합니다. 하지만, 신주쿠 전자상가에 있는 물건이 최신형이므로 저렴한 가격의 전자제품을 원한다면 아키하바라에서, 최신의 상품을 원한다면 신주쿠에서 물건을 구입하도록 하십시오.

빠르게 찾고 쉽게 말하는 여행회화! 여러분의 여행을 보다 즐겁고 편안하게 만들어 드립니다!!

① 쇼핑의 시작!

❶ 이 도시의 상점가는 어디입니까?

❷ 이 도시의 특산물은 무엇입니까?

❸ 어디에 좋은 기념품점이 있습니까?

❹ 서점(카메라점)에 가려고 하는데요.

❺ 화장품점은 어디입니까?

❻ 면세점이 있습니까?

❼ 약도를 그려 주십시오.

町 (마찌) : 도시
商店街 (쇼-텡가이) : 상점가
特産物 (토꾸부쯔) : 특산물

7. 쇼핑용 회화

❶ この 町の 商店街は どこですか。
고노마찌노 쇼-텡가이와 도꼬데스까

❷ この 町の 特産物は 何ですか。
고노마찌노 토꾸산부쯔와 난데스까

❸ どこに いい 紀念品の店が ありますか。
도꼬니 이- 키넨힝노미세가 아리마스까

❹ 本屋(カメラ屋)へ 行きたいんですが。
홍야(카메라야)에 이끼따인데스가

❺ 化粧品店は どこですか。
게쇼-힌뗑와 도꼬데스까

❻ 免税店は ありますか。
멘제-뗑와 아리마스까

❼ 略図を かいて ください。
랴꾸즈오 카이떼 쿠다사이

앗! 단어짱!

本屋 (홍야) : 서점
免税店 (멘제-뗑) : 면세점
略図 (랴꾸즈) : 약도

❷ 쇼핑 회화!

❶ 무엇을 찾으십니까?

❷ 그저 보는 것뿐입니다.

❸ 아이들에게 줄 선물을 사고 싶은데요.

❹ 일본옷을 보여 주십시오.

❺ 기념품은 어디서 살 수 있습니까?

❻ 3층에서 살 수 있습니다.

❼ 그 물건은 다 떨어졌습니다.

앗! 단어쨩!

何 (나니) : 무엇
ただ (타다) : 단지, 그저
息子 (무스꼬) : 아들

7. 쇼핑용 회화

❶ 何か お探しですか。
나니까 오사가시데스까

❷ ただ 見ているだけ なので。
타다 미떼이루다께 나노데

❸ 子供への みやげを 買いたいのですが。
코도모에노 미야게오 가이따이노데스가

❹ きものを 見せて下さい。
기모노오 미세떼쿠다사이

❺ 紀念品は どこで かえますか。
키넨힝와 도꼬데 카에마스까

❻ 三階で 買えます。
상까이데 가에마스

❼ その 品は いま 売り切れなんですよ。
소노 시나와 이마 우리키레난데스요

앗! 단어쌍!

きもの (기모노) : 일본옷
三階 (상까이) : 3층
品 (시나) : 물건

❸ 물건을 고를 때! 1.

❶ 이것(저것) 주세요.

❷ 윈도우에 있는 것을 보여 주세요.

❸ 이것과 같은 것이 있습니까?

❹ 입어봐도 됩니까?

❺ 신어봐도 됩니까?

❻ 입어보는 곳은 어디입니까?

❼ 잘 맞습니다.

❽ 너무 큽니다(작습니다)

❾ 다른 색상은 없습니까?

7. 쇼핑용 회화

❶ これ(それ) ください。
고레(소레) 쿠다사이

❷ ショーウィンドーに 飾ってあるのを みせてください。
쇼-윈도-니 카잣떼 아루노오 미세떼 쿠다사이

❸ これと 同じ ものが ありますか。
고레또 오나지 모노가 아리마스까

❹ 着て 見ても いいですか。
기떼 미떼모 이-데스까

❺ はいて 見ても いいですか。
하이떼 미떼모 이-데스까

❻ 試着室は どこですか。
시쨔꾸시쯔와 도꼬데스까

❼ ちょうど いいです。
쪼-도 이-데스

❽ 大き(小さ)すぎます。
오-끼(찌-사)스기마스

❾ 他の 色は ありませんか。
호까노 이로와 아리마셍까

빠르게 찾고 쉽게 말하는 여행회화! 여러분의 여행을 보다 즐겁고 편안하게 만들어 드립니다!!

❹ 물건을 고를 때! 2.

❿ 다른 것을 보여 주십시오.

⓫ 좀 더 싼 것은 없습니까?

⓬ 좀 더 좋은 것은 없습니까?

⓭ 다른 디자인의 것도 보여 주세요.

⓮ 이것은 최신형입니다.

⓯ 어떤 것이 신형입니까?

⓰ 이것으로 교환하고 싶습니다.

앗! 단어짱!

他 (호까) : 다른, 그 외에
高い (다까이) : 비싼
デザイン (데자인) : 디자인

7. 쇼핑용 회화

❿ 他の ものを 見せて下さい。
호까노 모노오 미세떼쿠다사이

⓫ もっと 安いのは ありませんか。
못또 야스이노와 아리마셍까

⓬ もっと 高いのは ありませんか。
못또 다까이노와 아리마셍까

⓭ 他の デザインも みせてください。
호까노 데자인모 미세떼쿠다사이

⓮ これは 最新型です。
고레와 사이신가따데스

⓯ どれが 新型ですか。
도레가 신가따데스까

⓰ これに 交換したいです。
코레니 코-칸시따이데스

앗! 단어짱!

これ (고레) : 이것
どれ (도레) : 어떤
最新型 (사이신가따) : 최신형

빠르게 찾고 쉽게 말하는 여행회화! 여러분의 여행을 보다 즐겁고 편안하게 만들어 드립니다!!

❺ 가격의 흥정!

❶ 전부해서 얼마입니까?

❷ 싸게 할 수 없습니까?

❸ 조금 깎아 주십시오.

❹ 제게는 너무 비쌉니다.

❺ 10% 깎아 드리겠습니다.

❻ 이것을 사겠습니다.

❼ 이것은 고장나 있습니다.

❽ 다른 것과 바꾸어 줄 수 없습니까?

❾ 이것은 어디서 수리를 해줍니까?

7. 쇼핑용 회화

❶ 全部で いくらですか。
젬부데 이꾸라데스까

❷ 安くできませんか。
야스꾸데끼마셍까

❸ 少し まけて ください。
스꼬시 마께떼 쿠다사이

❹ 私には 高すぎます。
와따시니와 타까스기마스

❺ 10パーセント お引き いだします。
짓파-센토 오히끼 이따시마스

❻ これを もらいます。
고레오 모라이마스

❼ これは こわれています。
고레와 고와레떼이마스

❽ ほかの 品物と かえて くださいませんか。
호까노 시나모노또 가에떼 쿠다사이마셍까

❾ これは どこで 修理を してもらえますか。
고레와 도꼬데 슈-리오 시떼모라에마스까

빠르게 찾고 쉽게 말하는 여행회화! 여러분의 여행을 보다 즐겁고 편안하게 만들어 드립니다!!

❻ 포장과 배달!

❶ 배달 해줍니까?

❷ 한국으로 보내주실 수 있습니까?

❸ 선물용으로 포장해 주십시오.

❹ 쇼핑백에 넣어주시겠어요?

❺ 계산이 틀린 것 같은데요?

❻ 잔돈이 틀립니다.

❼ 크레딧 카드를 쓸 수 있습니까?

❽ 여행자 수표로 지불해도 됩니까?

❾ 영수증을 주십시오.

7. 쇼핑용 회화

❶ 配達して もらえますか。
하이따쯔시떼 모라에마스까

❷ 韓国に 送って もらえますか。
강꼬꾸니 오꿋떼 모라에마스까

❸ 贈り物用に 包装して ください。
오꾸리모노요-니 호-소-시떼 쿠다사이

❹ ショッピングバッグに 入れてください。
숍핑구박꾸니 이레떼쿠다사이

❺ 計算が すこし 間違っていませんか。
케-상가 스꼬시 마치갓떼이마셍까

❻ おつりが 間違っています。
오쯔리가 마치갓떼이마스

❼ クレジット・カ-ドを 使えますか。
구레짓토 가-도오 쯔까에마스까

❽ 旅行小切手で しはらいが できますか。
료꼬고깃떼데 시하라이가 데끼마스까

❾ レシ-トを ください。
레시-토오 쿠다사이

빠르게 찾고 쉽게 말하는 여행회화! 여러분의 여행을 보다 즐겁고 편안하게 만들어 드립니다!!

쇼핑 관련 단어!

❍ 각종 상점명

상점가	商店街	쇼-뗑가이
백화점	百貨店	학까가뗑
백화점	デパート	데파-토
면세점	免税店	멘제-뗑
선물가게	みやげ物店	미야게모노뗑
양복점	洋服店	요-후꾸뗑
양장점	婦人服店	후진후꾸뗑
시계상점	時計屋	도께-야
화장품상점	化粧品店	게쇼-힌뗑
골동품점	骨董屋	곳또-야
담배가게	タバコ屋	다바코야
주류판매점	酒屋	사까야
슈퍼마켓	スーパー	스-파-
가죽제품점	革製店	가와세이 뗑
모피점	毛皮店	케가와뗑
화랑	画廊	카로-
서점	本屋, 書店	홍야, 쇼뗑
은행	銀行	깅꼬-
이발소	理髪店	리하쯔뗑
미용실	美容院	비요-잉
약국	薬屋	구스리야

7. 쇼핑용 회화

전기제품점	電気器具店	뎅끼키구뗑
카메라가게	カメラ屋	카메라야
보석가게	宝石屋	호-세끼야
안경점	眼鏡屋	메가네야
운동구점	スポーツ用品店	스포-츠요-힌뗑
사진	写真屋	샤싱야
모자가게	帽子屋	보-시야
양화점	靴屋	구쯔야
문방구	文房具屋	붐보-구야
토산품점	土産物屋	미야게모노야
장난감가게	おもちゃ屋	오모쨔야
과자가게	菓子屋	가시야
제과점	パン屋	팡야
정육점	肉屋	니꾸야
식료품가게	食料品店	쇼꾸료-힌뗑
시장	市場	이찌바
포목점	生地屋	키지야
세탁소	クリーニング屋	구리-닝구야
주유소	ガソリンスタンド	가소린스탄도
생선가게	魚屋	사까나야
야채가게	八百屋	야오야
철물점	鉄物屋	카나모노야
꽃집	(お)花屋	(오)하나야

쇼핑 관련 단어!

● 카메라와 가전제품

카메라	カメラ	가메라
필름	フィルム	휘루무
현상	現像	겐조-
인화	やきまし	야끼마시
사진	写真	샤싱
흑백	白黒	시로꾸로
컬러	カラ-	카라-
건전지	電池	덴찌
라디오	ラジオ	라지오
망원경	望遠鏡	보-엥꾜-
시계	時計	도께-
이어폰	イヤホ-ン	이야호-온
전기	電気	뎅끼
촬영금지	撮影禁止	사쯔에-낀시
텔레비전	テレビ	테레비
퍼스널컴퓨터	パソコン	파소콩
다리미	アイロン	아이롱
전기면도기	電気かみそり	뎅끼카미소리
전자계산기	電卓	덴따꾸
라디오-카세트	ラジカセ	라지카세
비디오	ビデオ	비데오
무비카메라	ム-ビ-カメラ	무-비-카메라

7. 쇼핑용 회화

● 도서 문구류명

책	本	홍
잡지	雑誌	잣시
안내서	案内書	안나이쇼
연필	鉛筆	엠삐쯔
볼펜	ボールペン	보-루펜
만년필	万年筆	만넹히쯔
수첩	手帖	테쪼-
편지지	便箋	빈셍
봉투	封筒	후-또-
잉크	インキ	잉키
지우개	消しゴム	게시고무
가위	はさみ	하사미
지도	地図	찌즈
도로 지도	道路地図	도-로찌즈
신문	新聞	심붕
풀	のり	노리
카세트테이프	カセットテープ	가셋토테-푸
엽서	はがき	하가끼
그림엽서	絵はがき	에하가끼
트럼프	トランプ	토람푸
화투	花札	하나후다

빠르게 찾고 쉽게 말하는 여행회화! 여러분의 여행을 보다 즐겁고 편안하게 만들어 드립니다!!

쇼핑 관련 단어!

● 의류 관련품명

상의	上着	우와기
오버코트	オーバー	오-바-
레인코트	レインコート	레인코-토
신사복	洋服	요-후꾸
쟈켓	ジャケット	쟈켓토
바지	ズボン	즈봉
넥타이	ネクタイ	네쿠타이
셔츠	シャツ	샤츠
치마	スカート	스카-토
블라우스	ブラウス	부라우스
원피스	ワンピース	왐피-스
스웨터	プルオーバー	푸루오-바-
스타킹	ストッキング	스톡킹구
양말	靴下	구쯔시따
양말	ソックス	속쿠스
티셔츠	Tシャツ	티-샤츠
내의	下着	시따기
청바지	ジーンズ	지-인즈
손수건	ハンカチ	항카치
스카프	スカーフ	스카-후
모자	帽子	보-시

7. 쇼핑용 회화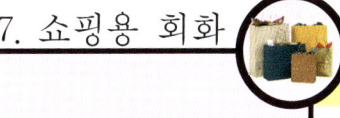

팬티	パンティ-	판띠-
브래지어	ブラジャ-	부라쟈-
아동복	子供服	코도모후꾸
잠옷	寝巻き	네마끼
일본옷	きもの	기모노
소매	そで	소데
반지	指輪	유비와
팔찌	腕輪	우데와
목걸이	ネックレス	넷쿠레스
넥타이핀	ネクタイピン	네쿠타이핀
커프스단추	カフスボタン	카후스보탕
브로치	ボロ-チ	보로-치
목면	めん	멘
비단	絹	기누
나일론	ナイロン	나이롱
모직	ウ-ル	우-루
폴리에스터	ポリエステル	포리에스테루
가죽	皮	가와
벨벳	ビロ-ド	비로-도
신사화	紳士靴	신시구쯔
숙녀화	淑女靴	슈꾸죠구쯔
부츠	ブ-ツ	부-츠
샌들	サンダル	산다루
슬리퍼	スリッパ	스립파

빠르게 찾고 쉽게 말하는 여행회화! 여러분의 여행을 보다 즐겁고 편안하게 만들어 드립니다!!

쇼핑 관련 단어!

○ 상품 관련용어

화려한	派手な	하데나
수수한	地味な	지미나
큰	大きい	오-끼-
더 큰	もっと 大きい	못또 오-끼-
작은	小さい	찌-사이
더 작은	もっと小さい	못또 찌-사이
흰(색)	白い(色)	시로이(이로)
검은	黒	쿠로이
밝은	明るい	아까루이
어두운	暗い	쿠라이
빨간	赤い	아까이
노란	黄色い	키-로이
파란	青い	아오이
녹색	グリーン, 緑	구리-인, 미도리
보라색	紫色	무라사끼이로
갈색	茶色	쨔이로
무거운	重い	오모이
가벼운	軽い	카루이
굵은	太い	후또이
가느다란	細い	호소이
둥근	丸い	마루이

7. 쇼핑용 회화

네모난	四角い	시까꾸이
긴	長い	나가이
짧은	短い	미지까이
꽉 끼는	きつい	기쯔이
헐렁한	ゆるい	유루이

➡ 가격 관련용어

정가	定価	테-까
얼마	いくら	이꾸라
싼	安い	야스이
비싼	高い	다까이
싼 것	安いの	야스이노
너무 비싸다	高すぎる	다까스기루
영수증	受け取り	우께또리
영수증	レシート	레시-토
약, …정도	…ぐらい	구라이
계산	計算	케-산
값	値段	네당
돈	お金	오까네

빠르게 찾고 쉽게 말하는 여행회화! 여러분의 여행을 보다 즐겁고 편안하게 만들어 드립니다!!

➕ 쇼핑 관련 단어!

칫솔	歯ブラシ	하부라시
치약	歯みがき	하미가끼
빗	くし	구시
면도날	かみそりの刃	가미소리노하
면도기	かみそり	가미소리
비누	せっけん	섹껭
화장지	トイレットペ-パ-	도이렛토페-파-
수건	タオル	타오루
꽃병	花瓶	카빙
라이터	ライタ-	라이타-
담뱃갑	シガレットケ-ス	시가렛토케-스
화장품	化粧品	케쇼-힌
향수	香水	코-스이
분	おしろい	오시로이
립스틱	口紅	구찌베니
아이 섀도우	アイシャド-	아이샤도-
거울	鏡	카가미
인형	人形	닝교-
우산	傘	카사
부채	扇子	센스
핸드백	ハンドバッグ	한도박구
지갑	財布	사이후
칠기	塗り物	누리모노
장난감	おもちゃ	오모쨔
액세서리	アクセサリ-	아쿠세사리-

8. 우편, 전화, 은행!

1) 우체국!

❶ 우체국의 이용!

휴대폰과 인터넷의 발달로 예전처럼 우체국을 많이 이용하지는 않지만 예쁜 그림엽서나 기념엽서, 선물소포 등은 여전히 우체국을 이용하고 있습니다. 일본에서의 국제우편물의 경우, 50g까지는 160엔이며, 우편엽서는 70엔입니다. 소포의 경우는 항공편 이용시 5kg까지 1,700엔입니다. 비즈니스맨의 경우라면 DHL이나 Federal Express 같은 특급배달을 이용할 수도 있을 것입니다. (서류 1kg까지 요금은 7,850엔) 이보다 저렴하게 보내는 방법은 직접 우체국으로 가서 특

빠르게 찾고 쉽게 말하는 여행회화! 여러분의 여행을 보다 즐겁고 편안하게 만들어 드립니다!!

우체국과 국제전화!

급우편물(EMS)을 신청하시면 됩니다. (300g이내 기본료는 900엔) 시내 주요 우체국의 개장시간은 평일 09:00-17:00, 토요일은 15:00까지 그리고 일요일과 경축일은 09:00-13:00까지 입니다. (우편서비스 안내 ☎0120-232886) 이밖에도 최근 비지니스 팩스나 전보, 자료전송 서비스 업체들이 속속 문을 열어 서비스하고 있는데 이를 이용하거나, 앞서 말씀드린대로 호텔에서 관련 서비스를 의뢰하셔도 되겠습니다. 참고로 도쿄 KDD 오테마치(大手町) 사무실(☎03-3275-4343)에서의 팩스전송비는 A4용지 1장당 1,500엔입니다.

❷ 우편물 보내기!

편지봉투를 쓰는법 : 편지봉투를 4분할 했을 때 좌측 상단은 보내는 사람 주소, 우측 하단은 받는 사람 주소를 씁니다. 우편물의 받는 사람 주소는 어느 나라 말로 써도 상관없지만 국가명만은 반드시 영어로 기입합니다. 즉 서울의 집주소를 한글로 써도 상관없지만 국가명만은 우측 제일 하단에 **SOUTH KOREA**라고 써주어야 한다는 것입니다. 그리고 우측 상단은 우표를 붙여야 하니까 비워 두고, 좌측 하단은 배달방식 그러니까 항공우편일 경우는 '**AIR MAIL**' 또는 '**PAR AVION**'이라고 쓰거나 스티커를 붙이게 되고, 선편일 경우는 '**SEA MAIL**'이라고 표기합니다. 그리고 기타 속달, 등기, 소포는 직접 가서 우체국 창구를 이용해야 합니다. 우편물을 빨리 보내려면 EMS로 보내면 됩니다. 일본의 우체통은 우리나라처럼 빨간색입니다.

8. 우편, 전화, 은행!

2) 국제전화!

❶ 일본내 국내전화!

시내 기본통화료는 1분간 10엔이며, 그 이후엔 추가로 동전을 넣어야 합니다. 주화는 10, 100엔짜리를 사용할 수 있습니다. 일본국내의 장거리 전화를 이용할 때는 전화카드를 사서 이용하는 것이 경제적입니다. (1,000엔짜리 카드로 105도수가 들어가 있음. 1도수 1분 한 통화)

❷ 국제전화 걸기!

국제전화를 걸 수 있는 공중전화기는 골드 패널이 부착된 녹색 전화기와 국제전화 전용 전화기로 공항이나 호텔, 오피스 빌딩, 도로변 등지에서 볼 수 있습니다. 전화 카드는 500엔과 1,000엔짜리가 있는데, 전화국이나 전화카드 판매점에서 구입할 수 있습니다. 동전으로 국제전화를 걸려면 150엔 이상을 넣어야 합니다. 교환원을 통한 국제전화 통화법으로는 다음과 같습니다.

ⓐ **Station call**(스테이션 콜) : 상대국 전화 번호만을 신청하는 비교적 요금이 저렴한 방법입니다.

ⓑ **Personal call**(퍼스널 콜) : 다소 요금은 비싸지만 통화할 상대를 지정해서 신청하는 방법입니다. (본인 부재시는 요금을 물지 않음)

빠르게 찾고 쉽게 말하는 여행회화! 여러분의 여행을 보다 즐겁고 편안하게 만들어 드립니다!!

국제전화의 이용!

ⓒ **Collect call**(콜렉트 콜) : 신청시 미리 수신인요금지불로 정하는 방법. **0039-821**이나 **004-41-1821**번을 누르면 KDD의 교환원이 직통으로 나옵니다. 또는 **0039-822**나 **0066-77-822**번을 누르면 데이콤 교환원이 나오므로 수신자 부담전화를 걸 수 있습니다. 호텔에서는 먼저 외선 번호를 누른 다음 번호를 누릅니다. 외선번호는 보통 9번입니다.

공중전화기로 직접 통화하는 방법도 있습니다. 공중전화기로 한국에 직접거는 방법은, 도쿄에서 서울 929-2882로 전화를 걸 때 001-82-2-929-2882를 누르면 됩니다. 001은 국제식별코드(**international access code**)이며, 82는 한국의 코드번호(**country code**), 2는 서울의 지역번호, 그리고 전화번호 929-2882가 됩니다. 이때 지역번호 02의 0은 빼고 전화합니다.

 ❸ 국제전화 카드!

여행전에 한국에서 미리 전화카드를 준비하거나 휴대폰 로밍써비스를 신청하는 방법도 있습니다. 선불카드의 장점은 우선 저렴하고, 한국어 안내방송을 들을 수 있다는 것 등입니다. 사용방법은 콜렉트콜처럼 국가별 접속번호를 누른 후 안내방송에 따라 카드번호, 비밀번호, 상대방 전화번호를 차례로 누르면 됩니다. 주요 통신사의 카드로는 한국통신KT카드(☎080-2580-161), 데이콤 콜링카드(☎082-100), 온세통신 후불카드(☎083-100) 등이 있으며, 신청 즉시 카드번호를 발부 받을 수 있습니다.

8. 우편, 전화, 은행!

☎ 일본에서 유용한 전화번호

● 위급시

경찰 : **110**
안내 : **(03)3501-0110**
교통사고담당 : **(03)3212-5006**
앰뷸런스 : **119**
재팬헬프라인 : **(0120)46-1997**
구급통역서비스 : **(03)5285-8185**

분실신고 : **(03)3814-4151**
차량사고 : **(03)3467-1841**

병원안내 : **(03)3212-2323**

● 통신

전화번호문의 : **104**
중앙우체국 : **(03)3284-9533**

콜렉트콜 : **3581-106**
국제우체국 : **(03)3241-4891**

● 주일한국공관

주일 대한민국 대사관 도쿄 : **(03)3452-7611~9**
주일 대한민국 문화원 : **(03)3988-9271**
주일 대한민국 총영사관
오사카 : **(06)213-1401~10**   후쿠오카 : **(092)771-0461~3**
삿포로 : **(011)621-0288~9**   센다이 : **(022)221-2751~3**
요코하마 : **(045)621-4531~2** 나고야 : **(052)586-9221~3**
고베 : **(078)221-4853~5**   니가타 : **(025)230-3400/3411**
시모노세키 : **(0832)66-5341~3**

빠르게 찾고 쉽게 말하는 여행회화! 여러분의 여행을 보다 즐겁고 편안하게 만들어 드립니다!!

🙂 은행의 이용!

✚ 국제전화 할인요금 시스템

할인요금이나 심야할인 요금제를 이용하면 되는데, 시간대로는 월~금요일 19:00 ~ 23:00, 주말과 공휴일은 08:00 ~ 23:00까지이며 20%의 할인혜택을 받습니다. 그리고 매일 23:00 ~ 08:00까지는 40%가 할인됩니다.

✚ 전화통화시 유의할 점

❶ 일본인 가정에는 가급적 밤 8시 이후에는 삼가십시오!
❷ 전화를 걸어 벨이 6~7번 이상 울려도 받지 않을 때는 끊어 주십시오!
❸ 국제전화를 신청하기 전에 상대방 전화번호, 도시명, 이름 등을 메모해 두십시오!
❹ 통화하실 종류를 분명히 교환원에게 밝히십시오!
❺ 전화번호는 한자씩 끊어 또박또박 불러 주십시오!

3) 은행의 이용!

❶ 은행과 환전!

여행중에 은행을 이용하는 경우는 보통 환전을 하거나, 여행자수표를 바꿀 때 또는 카드로 현금서비스를 받을 때일 것입니다. 환전은 공항, 면세점, 시중은행 등지에서 가능하고, 카드 현금서비스는 은행이나 24시간 인출가능한 ATM(현금자동인출기)을 이용하도록 합니다. 일본의 작은 상점이나 간이식당에서 고액권 여행자수표를 낸다면 상대가 난감해 할 것입니다. 이럴 경우를 대비해서라도 소액권은 충분히 준비해 두는 것이 좋습니다.

8. 우편, 전화, 은행!

❷ 신용카드

현금 외에도 비상시에 사용할 수 있도록 신용카드를 준비해 가는 것이 좋습니다. 신용카드의 장점은 현금을 많이 지니고 다니지 않아도 된다는 것과 고가품을 구입할 때 일시에 부담하지 않아도 된다는 점들을 들 수 있습니다. 해외에서 통용되는 대표적인 신용카드사로는 **Master Card, American Express Card, Diners Club Card, Visa Card** 등이 있습니다. 그러나 상점에 따라 통용되지 않는 카드도 있기 때문에 가장 일반적인 것으로 두 장 정도 준비하는 것이 좋습니다. 신용카드의 해외사용 한도액은 최고 $5,000입니다. 사용한 대금은 2개월 이내에 원화로 갚습니다. 분실에 대비해 카드번호를 따로 기록해 두는 것도 필요합니다.

❸ 은행의 업무시간!

은행의 영업시간은 나라와 지역에 따라 차이가 있지만 미국의 경우 월~목요일까지는 09:00~15:00까지, 금요일은 17:00 또는 18:00까지입니다. (일요일 휴무) 영국은 월~금요일 09:00~15:30까지입니다. (토,일요일 휴무) 프랑스는 09:00~12:00, 그리고 14:00~16:00까지입니다. (월,토,일요일 휴무) 독일은 월~금요일 08:30~13:00, 14:30~16:00까지이며, 목요일은 17:30까지 연장 영업합니다. (토, 일요일 휴무) 가까운 곳에서 은행을 찾을 수 없다면 공항이나 역 내 환전소를 찾아 가십시오. 이곳은 대부분 24시간 환전업무를 보고있습니다.

❶ 우편물 보내기!

❶ 우체국은 어디입니까?

❷ 이 근처에 우체통이 있습니까?

❸ 이 편지를 한국에 보내고 싶습니다.

❹ 우편 엽서 한장 주세요.

❺ 선편입니까, 항공편입니까?

❻ 항공편으로 부탁합니다.

❼ 항공편으로 보내면 얼마입니까?

❽ 얼마치의 우표를 붙여야할까요?

❾ 우표 900엔어치 주십시오.

8. 우편, 전화, 은행!

❶ 郵便局は どこですか。
유~빙쿄꾸와 도꼬데스까

❷ この あたりに ポストが ありますか。
고노 아따리니 포스토가 아리마스까

❸ この 手紙を 韓国へ 出したいですが。
고노 데가미오 캉꼬꾸에 다시따이데스가

❹ (郵便) 葉書 一枚ください。
(유-빈)하가끼 이찌마이쿠다사이

❺ 船便ですか, 航空便ですか。
후나빈데스까 고-꾸-빈데스까

❻ 航空便で お願いします。
고-꾸-빈데 오네가이시마스

❼ 航空便で 送ると いくらに なりますか。
고-꾸-빈데 오꾸루또 이꾸라니 나리마스까

❽ いくらぐらいの 切手を 張ればいいんですか。
이꾸라구라이노 킷떼오 하레바이-인데스까

❾ 切手ください。 9百円の。
깃떼 쿠다사이 규-햐꾸엔노

빠르게 찾고 쉽게 말하는 여행회화! 여러분의 여행을 보다 즐겁고 편안하게 만들어 드립니다!!

❷ 소포 보내기!

❶ 한국에 도착하는데는 몇 일 걸립니까?

❷ 소포용 상자가 있습니까?

❸ 소포를 보험에 들어주십시오.

❹ 이 편지를 등기로 부쳐주십시오.

❺ 이 양식을 기재해 주십시오.

❻ 무엇이 들어있습니까?

❼ 인쇄물입니다.

❽ 이 전보를 쳐주십시오.

❾ 전보 요금은 얼마입니까?

8. 우편, 전화, 은행!

❶ 韓国に 着くまでは 何日かかりますか。
간꼬구니 쯔꾸마데와 난니찌카까리마스까

❷ 小包用の 箱が ありますか。
코쯔쯔미요-노 하꼬가 아리마스까

❸ 小包を 保険に かけてください。
코쯔쯔미오 호켄니 카케떼쿠다사이

❹ この 手紙を 書留で 送って下さい。
고노 테가미오가끼토메데 오쿳떼쿠다사이

❺ この 様式を 記載してください。
코노 요-시끼오 키자이시떼쿠다사이

❻ 何が 入っていますか。
나니가 하잇떼이마스까

❼ 印刷物です。
인사쯔부쯔데스

❽ この 電報を 打ってください。
고노 덴뽀-오 웃떼쿠다사이.

❾ 電報料金は おいくらですか。
덴뽀-료-낑와 오이꾸라데스까.

빠르게 찾고 쉽게 말하는 여행회화! 여러분의 여행을 보다 즐겁고 편안하게 만들어 드립니다!!

❸ 기본 전화표현!

❶ 여보세요, 다나카씨 댁입니까?

❷ 나카야마 씨 부탁합니다.

❸ 네, 그렇습니다. 누구십니까?

❹ 김입니다.

❺ 내선 351번 부탁합니다.

❻ 잠시 기다려 주십시오.

❼ 미안합니다만, 외출중입니다.

❽ 언제 돌아오십니까?

❾ 8시 쯤 돌아올 겁니다.

8. 우편, 전화, 은행!

❶ もしもし, 田中さんですか。
모시모시 다나까산데스까

❷ 中山さん, お願いします。
나까야마상 오네가이시마스

❸ はい, そうです。どなたですか。
하이 소-데스 도나따데스까

❹ 金です。
기무데스

❺ 内線 351番お願いします。
나이센 상고이찌방 오네가이시마스

❻ 少少 お待ち ください。
쇼-쇼- 오마찌 쿠다사이

❼ すみませんが, 外出中です。
스미마셍가 가이슛쯔쮸-데스

❽ いつ お帰りに なりますか。
이쯔 오까에리니 나리마스까

❾ 八時頃 帰ります。
하찌지고로 카에리마스

빠르게 찾고 쉽게 말하는 여행회화! 여러분의 여행을 보다 즐겁고 편안하게 만들어 드립니다!!

❹ 공중전화 걸기!

❶ 공중전화는 어디에 있습니까?

❷ 전화카드는 어디에서 살 수 있습니까?

❸ 이 전화로 국제전화를 걸 수 있습니까?

❹ 이곳에 전화하고 싶은데요.

❺ 이 전화 사용법을 가르쳐 주십시오.

❻ 한국어를 할 수 있는 사람을 부탁합니다.

❼ 긴급입니다.

앗! 단어짱!

公衆電話 (고-슈-뎅와) : 공중전화
電話カード (뎅와카-도) : 전화카드
どこで (도꼬데) : 어디에서

8. 우편, 전화, 은행!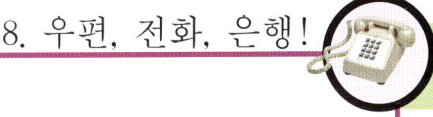

❶ 公衆電話は どこですか。
고-슈-뎅와와 도꼬데스까

❷ 電話カ-ドは どこで 買えますか。
뎅와카-도와 도꼬데 카에마스까

❸ この 電話で 国際電話が できますか。
고노 뎅와데 코꾸사이뎅와가 데끼마스까

❹ ここに 電話したいんですが。
고꼬니 뎅와시따인데스가

❺ 電話の 使い方を 教えて ください。
뎅와노 쯔까이까따오 오시에떼 쿠다사이

❻ 韓国語を 話せる 人を 呼んで下さい。
강코꾸고오 하나세루 히또오 욘데쿠다사이

❼ 緊急です。
깅큐데스

앗! 단어짱!

国際電話 (코꾸사이뎅와) : 국제전화
韓国語 (강코꾸고) : 한국어
緊急 (깅큐) : 긴급

빠르게 찾고 쉽게 말하는 여행회화! 여러분의 여행을 보다 즐겁고 편안하게 만들어 드립니다!!

❺ 메시지 남기기!

❶ 전할 말씀이 있습니까?

❷ 나중에 전화하겠다고 전해 주십시오.

❸ 나에게 전화해 달라고 전해주세요.

❹ 제 번호는 583-3254입니다.

❺ 좀 더 천천히 말해 주십시오.

❻ 아뇨, 잘못 걸었습니다.

❼ 전화 주셔서 고맙습니다.

앗! 단어쨩!

メッセージ (멧세-지) : 전할 말씀
後で (아또데) : 나중에
電話する (뎅와스루) : 전화하다

8. 우편, 전화, 은행!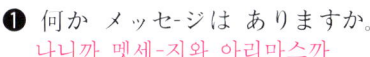

❶ 何か メッセ-ジは ありますか.
나니까 멧세-지와 아리마스까

❷ また 後で 電話しますと お伝えください.
마따 아또데 뎅와시마스또 오쯔따에쿠다사이

❸ わたしに 電話するようにと 伝えてください.
와따시니 뎅와스루요-니또 쯔따에떼쿠다사이

❹ わたしの 番号は 583-3254です.
와따시노 방고-와 고하찌산노 산니고욘데스

❺ もっと ゆっくり 言って 下さい.
못또 윳꾸리 잇떼 쿠다사이

❻ いいえ, 違います.
이-에 찌가이마스

❼ お電話, ありがとう ございました.
오뎅와 아리가또- 고자이마시따

앗! 단어짱!

わたし (와따시) : 나
もっと (못또) : 좀 더
ゆっくり (윳꾸리) : 천천히

빠르게 찾고 쉽게 말하는 여행회화! 여러분의 여행을 보다 즐겁고 편안하게 만들어 드립니다!!

❻ 국제전화 걸기!

❶ 여보세요?

❷ 서울로 직접 전화할 수 있습니까?

❸ 한국으로 국제통화를 하고 싶습니다.

❹ 요금은 상대방 지불로 해주십시오.

❺ 요금은 여기서 지불하겠습니다.

❻ 몇 번에 거시겠습니까?

❼ 822-929-2882번입니다.

❽ 어느 분과 통화하시겠습니까?

❾ 박세영씨와 통화하고 싶습니다.

8. 우편, 전화, 은행!

❶ もしもし。
모시모시

❷ ソウルに 直接 電話できますか。
소우루니 쵸꾸세쯔 덴와데끼마스까

❸ 韓国へ 国際電話を したいんです。
강꼬꾸에 고꾸사이뎅와오 시따인데스

❹ 料金は 相手 ばらいにして 下さい。
료~낀와 아이떼 바라이니시떼 쿠다사이

❺ 料金は こっちで 支払います。
료-낀와 곳찌데 시하라이마스

❻ 何番に おかけに なりますか。
난반니 오까께니 나리마스까

❼ 822の 929の 2882です。
하찌니니노 큐-니큐-노 니하찌하찌니데스

❽ どなたと お話なさいますか。
도나따또 오하나시나사이마스까

❾ パクさんと お話(電話)したいです。
파꾸상또 오하나시(뎅와)시따이데스

❼ 은행의 이용!

❶ 환전소는 어디에 있습니까?

❷ 환전은 어느 창구에서 합니까?

❸ 2번 창구입니다.

❹ 오늘의 환율시세는 얼마입니까?

❺ 여행자 수표를 현금으로 바꾸어 주십시오.

❻ 여권 좀 보여주시겠습니까?

❼ 이 수표를 현금으로 바꾸어 주십시오.

앗! 단어쨩!

兩替所 (료-가에쇼) : 환전소
どの (도노) : 어느
今日 (쿄-) : 오늘

8. 우편, 전화, 은행!

❶ 両替所は どこにありますか。
료-가에쇼와 도꼬니아리마스까

❷ 両替は どの 窓口ですか。
료-가에와 도노 마도구찌데스까

❸ 2番の 窓口です。
니반노 마도구찌데스

❹ 今日の かわせレートは いくらですか。
쿄-노 카와세레-토와 이꾸라데스까

❺ この 旅行者小切手を 現金に して ください。
고노 료꼬-샤고깃떼오 겡낀니 시떼 쿠다사이

❻ パスポートを 拝見させて ください。
파스포-토오 하이켄 사세떼 쿠다사이

❼ この 小切手を 現金に かえて ください。
고노 고깃떼오 겡낀니 가에떼 쿠다사이

앗! 단어짱!

かわせレート (카와세레-토) : 환율시세
いくら (이꾸라) : 얼마
パスポート (파스포-토) : 여권

❽ 잔돈 바꾸기!

❶ 달러로 바꿔주십시오.

❷ 이 지폐를 좀 바꾸어 주시겠습니까?

❸ 이것을 잔돈으로 바꿔 주십시오.

❹ 어떻게 바꾸어 드릴까요?

❺ 천엔권으로 바꿔주십시오.

❻ 잔돈도 섞어서 주십시오.

❼ 수수료가 필요합니다.

❽ 저쪽에서 기다려 주십시오.

❾ 은행은 몇 시에 문을 엽니까?

8. 우편, 전화, 은행!

❶ ドルに 交換して 下さい。
도루니코~깐시데 쿠다사이

❷ ちょっと この 札を かえて くださいますか。
좃또 코노 사쯔오 카에떼 쿠다사이마스까

❸ これを 細かくして ください。
고레오 고마까꾸시떼 쿠다사이

❹ どのように かえましょうか。
도노요-니 가에마쇼-까

❺ 千円札に かえて ください。
센엔사쯔니 카에떼 쿠다사이

❻ 小銭も 混ぜて ください。
고제니모 마제떼 쿠다사이

❼ 手数料が 要ります。
테스-료-가 이리마스

❽ あちらで お待ち ください。
아찌라데 오마찌 쿠다사이

❾ 銀行は 何時に 開きますか。
깅꼬-와 난지니 아끼마스까

우편|전화 관련단어!

● 우편물 관련용어

우편	郵便	유-빙
우체국	郵便局	유-빙꾜꾸
그림엽서	えはがき	에하가끼
우편엽서	はがき	하가끼
우표	切手	킷떼
기념우표	紀念切手	키넹깃떼
편지지	便せん	빈셍
봉투	封筒	후-또-
인쇄물	印刷物	인사쯔부쯔
속달	速達	소꾸따쯔
편지	手紙	테가미
항공편	航空便	코-꾸-빙
선편	船便	후나빙
등기우편	書留	가끼또메
소포	小包	고즈쯔미
발신인	発信人	핫신닝
수신인	受信人	쥬신닝
취급주의	取り扱い主意	도리아쯔까이쥬-이
항공 봉함엽서	航空書簡	고-꾸-쇼깡
우체통	ポスト	포스토

8. 우편, 전화, 은행!

주소	住所	쥬-쇼
우편번호	郵便番号	유-빙방고-

● 전화 관련용어

전화	電話	뎅와
전화번호부	電話帳	뎅와쬬-
전화박스	電話ボックス	뎅와복쿠스
공중전화	公衆電話	고-슈-뎅와
구내전화	内線	나이셍
교환원	交換手	고-깐슈
수신인부담통화	コレクトコール	고레쿠토코-루
지명통화	パーソナルコール	파-소나루코루
보통통화	ステーショナルコール	스테-쇼나루코-루
전화번호	電話番号	뎅와방고-
시내전화	市内電話	시나이뎅와
장거리전화	長距離電話	쬬-꾜리뎅와
국제전화	国際電話	고꾸사이뎅와
지역번호	地域番号	찌이끼방고-
국가번호	国番号	구니방고-
고장중	故障中	고쇼-쮸-

✚ 은행 관련 단어들!

외출	外出	가이슛쯔
출장	出張	슛쪼-
부재	不在	후자이
회의	会議	카이기
통화중	お話し中	오하나시쮸-

● 은행에서 필요한 용어

은행	銀行	깅꼬-
수표	小切手	고깃떼
여행자 수표	旅行者小切手	료꼬-샤고깃떼
외국환	外国為替	가이꼬꾸가세
환율	為替レート	가와세레-토
동전	小銭	코제니
지폐	紙幣	시헤이
용지	用紙	요-시
기입하다	記入する	기뉴-스루
대체	為替	가와세
본점	本店	혼뗑
지점	支店	시뗑

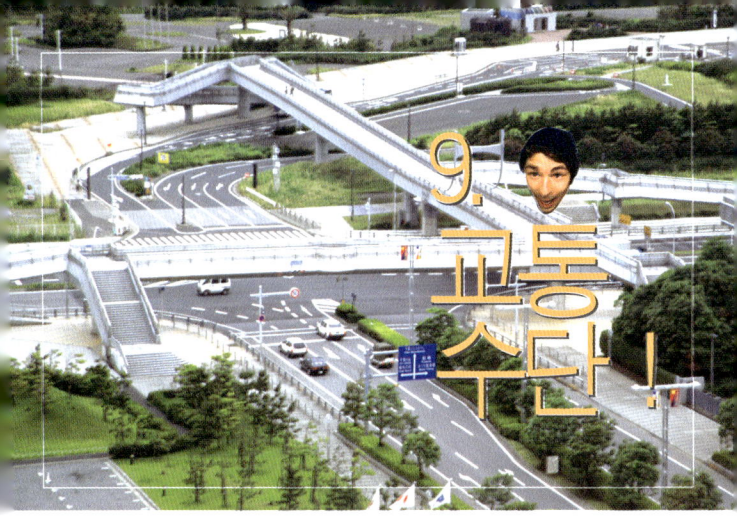

9. 교통수난

❶ 일본의 항공!

JAL, ANA, JAS를 비롯한 여러 항공사가 일본 전국에 걸쳐 광범위하게 운행되고 있으므로, 일정이 바쁜 여행자나 신칸센이 운행되지 않는 지역으로 가시는 여행자는 일본 국내선을 이용하시는 것이 편리합니다. 그러나 일본의 국내선 비행기는 서울-도쿄간 항공료보다 비싼 경우도 있습니다. 일본에는 나리타(成田)의 신 도쿄 국제공항, 하네다(羽田)의 도쿄 국제공항, 오사카 국제공항, 신간사이(新関西) 공항과 그 밖의 지방공항이 있습니다. (항공사 문의 ☎ **JAL : 0120-25-5971, ANA : 0120-029-222, JAS : 0120-51-1283**)

교통수단의 이용!

❷ 일본의 선박!

일본은 섬나라이기 때문에 선박 교통체계가 상당히 발달해 있습니다. 일반적으로 잘 알려진 것이 도쿄와 홋카이도 북부항을 잇는 코스와 오키나와와 같은 남부 지역을 잇는 항로입니다. 페리의 장점은 항공기나 열차에 비해 운임이 저렴하다는 점과, 밤 시간내에 이동하는 배를 이용하면 숙박비를 절약할 수 있다는 것 등입니다. 일본의 페리에 관한 정보는 JR시간표에 자세히 나와 있고, 문의사항은 JNTO로 하시면 됩니다.

❸ 일본의 철도!

일본의 철도는 안전과 정확성을 자랑합니다. 7개의 여객 수송업체의 공동 명칭인 JR(Japan Rail)과 시테쓰(私鉄) 그리고 각 지방 자치단체가 운영하는 지방선이 일본 전역을 연결합니다. JR열차는 빠른 순으로 초특급인 신칸센(新幹線), 돗큐(特急), 큐코(急行), 가이소쿠(快速), 후쓰(普通) 등으로 나뉩니다.

ⓐ 신칸센(新幹線) : 최고 시속 240km에 이르는 고속과 완벽에 가까운 안정성을 자랑하는 일본의 초특급열차입니다. 주요역에만 정차합니다.
ⓑ 돗큐(特急) : 신칸센을 제외하고는 가장 빠른 속도로 달려서 원거리 여행에 적합하며, L특급, 일반특급, 침대특급 등으로 나뉩니다.
ⓒ 후쓰(普通) : 각 역마다 서는 완행열차로 여러 등급으로 나뉘며, 요금도 다양합니다.

9. 교통수단

❹ 일본의 철도패스!

ⓐ JR패스 : JR철도 패스는 일본 전역의 JR과 초고속 신칸센, 나리타 익스프레스, JR버스, JR페리 등을 일정 기간동안 무제한으로 탈 수 있습니다. 구입은 출국전 국내판매 대행사에서만 가능하며, 나리타 공항의 여행서비스 센터나 전국 JR역의 료코(旅行)센터에서 국내에서 구입한 교환권을 제시하고, 일본 철도패스로 교환합니다. 교부받은 패스에는 기차를 이용하는 첫 날짜를 기입하고 사용합니다. 구입처 : 서울항공 (☎02-755-9696), 아주관광 (☎02-753-5051), 탑항공 (☎02-720-8056), 엑스포관광 (☎02-732-5671)

ⓑ 세이슈운(青春)18 티켓 : 방학 동안에만 발매하는 일종의 할인티켓으로 여행 기간별로 봄, 여름, 겨울의 일성 기간 동안만 사용하도록 되어 있습니다. 각 역의 미도리노마도구치(みどりの窓口)에서 구입할 수 있으며 사용 유효기간은 1일입니다.

ⓒ 슈우켄(周遊券) : JR이 발급하는 슈유켄은 지정된 지역내에서 제한없이 쓸 수 있는 직행 논스톱 티켓으로 모든 JR열차와 버스노선에서 사용할 수 있으며 정상요금보다 20% 절약됩니다. 와이드, 미니, 뉴와이드 등의 세 종류로 나뉘며 한국에서도 구입할 수 있습니다.

ⓓ JR시각표 : 일본 각 열차의 운행시각과 운임 그리고 버스나 비행기, 페리노선 등 각종 교통수단의 운행시각과 운임을 안내합니다. 공항의 여행안내소, 도시의 철도역사에서 무료로 얻을 수 있습니다.

빠르게 찾고 쉽게 말하는 여행회화! 여러분의 여행을 보다 즐겁고 편안하게 만들어 드립니다!!

교통수단의 이용!

❺ 일본의 지하철!

도쿄, 교토, 오사카, 센다이, 삿포로, 나고야, 후쿠오카, 요코하마, 고베 등 9개 도시에서 지하철이 운행되는데 도쿄의 야마노테센이라고 불리우는 환상선과 오사카 환상선은 각각 도시의 주요한 지점들을 중심으로 돌고 있습니다. 지하철은 우리와 마찬가지로 가장 편리한 대중교통수단이며, 개찰방식도 우리나라의 5호선과 같습니다. 유의할 점은 시테쓰나 지하철은 JR패스가 적용되지 않기 때문에 노선표를 확인하고 타야하며, 만약 티켓을 잘 못 끊었을 때에는 초과된 요금을 해당역의 정산소에서 지불하셔야 합니다.

❻ 노선버스!

도쿄, 교토, 오사카 등을 제외한 도시에서는 노선버스를 이용하는 것이 편리합니다. 버스표에는 승차한 요금지역을 표시하는 숫자가 표기되는데 버스 앞부분에 있는 요금 표시판에 해당요금이 표시됩니다. 예를 들어 승객의 버스표 번호가 3번이면 요금은 요금 표시판 3번에 전광으로 표시됩니다. 요금은 하차하기 전에 운전사 옆에 있는 요금함에 넣습니다. 각 버스의 최종 목적지명은 버스의 정면 상단부에 일어로 표기되어 있으며  노선번호가 표기되어 있는 경우도 있습니다. 일본의 버스에는 보통 좌석과 다른 색깔로 경로석이 구분되어 있는데 일본인들은 노인을 위하여 자리를 비워두는 경우가 많으므로 주의하셔야 합니다. 요금은 일반일 경우 200엔, 학생은 170엔, 셔틀버스는 180엔입니다.

9. 교통수단

✚ 도쿄의 편리한 철도카드

❶ 지카테쓰(地下鉄) 1일 승차권 : 도쿄의 에이단(営団)지하철과 도에이(都営)지하철을 각각 하루종일 이용할 수 있는 승차권으로 큰 역의 발매기에서 구입할 수 있습니다. 이 승차권은 도에이(都営)와 에이단(営団) 지하철 회사에서 별도로 판매하는 것으로서 각각의 지하철 노선에서만 이용할 수 있습니다.

❷ JR 1일 기차 패스 : 티켓에 표시된 도쿄 내의 JR 노선을 하루종일 마음대로 이용할 수 있는 티켓으로 JR 큰 역의 판매기에서 구입할 수 있습니다.

❸ 도쿄 자유티켓 : 도쿄의 JR, 지하철, 도에이 버스, 도덴 등의 교통수단을 하루 동안 마음껏 이용할 수 있는 티켓으로 가격은 1,580엔이며, 모든 역과 지하철의 정기권 매장에서 구입할 수 있습니다.

❹ 오렌지 카드 : JR 노선의 승차권을 구입할 때 현금 대신 사용할 수 있으며, 할인도 받을 수 있습니다. 3,000엔, 5,000엔, 10,000엔권의 3종류가 있습니다.

❺ 아이오 카드 : JR 야마노테선에서 사용할 수 있는 정액권 카드로서 3,000엔, 5,000엔권이 있습니다. 구입은 야마노테선의 각 창구나 판매기에서 할 수 있습니다.

① 철도의 이용! 1.

❶ 철도역은 어디입니까?

❷ 매표소는 어디 있습니까?

❸ 오사카까지 편도로 주십시오.

❹ 이등표 두 장 주십시오.

❺ 급행열차가 있습니까?

❻ ~행 기차는 어느 역에서 떠납니까?

❼ 내일 아침 동경행 표 있습니까?

❽ 다음 열차는 몇 시입니까?

❾ 어른 한 장, 어린이 한 장이요.

9. 교통수단

❶ 駅は どこですか。
에끼와 도꼬데스까

❷ きっぷ売場は どこですか。
킷뿌우리바와 도꼬데스까

❸ 大阪まで 片道で ください。
오-사까마데 가따미찌데 쿠다사이

❹ 2等の切符を 2枚下さい。
니또-노 깁뿌오 니마이쿠다사이

❺ 急行列車が ありますか。
큐-꼬-렛샤가 아리마스까

❻ ~行きの 汽車は 何駅から 出ますか。
유끼노 키샤와 나니에끼까라 데마스까

❼ 明日の 朝, 東京行きの きっぷ ありますか。
아시따노 아사 토-쿄유끼노 킷뿌 아리마스까

❽ 次の 列車は 何時ですか。
쯔기노 렛샤와 난지데스까

❾ 大人 1枚, 子供 1枚。
오또나 이찌마이, 고도모 이찌마이

빠르게 찾고 쉽게 말하는 여행회화! 여러분의 여행을 보다 즐겁고 편안하게 만들어 드립니다!!

❷ 철도의 이용! 2.

⑩ 왕복으로 부탁합니다.

⑪ 네, 잠깐만 기다리십시오.

⑫ 몇 번 플랫포옴에서 떠납니까?

⑬ 2번선입니다.

⑭ 똑바로 가면 왼쪽에 있습니다.

⑮ 이것이 오사카행 열차입니까?

⑯ 아닙니다. 저 열차입니다.

⑰ 갈아타야 합니까?

⑱ 어디서 갈아탑니까?

9. 교통수단

❿ 往復で おねがいします。
오-후꾸데 오네가이시마스

⓫ はい ちょっと 待って ください。
하이 쫏또 맛떼 쿠다사이

⓬ 何番線から 出ますか。
난반센까라 데마스까

⓭ 2番線です。
니반센데스

⓮ まっすぐ 行くと 左側に あります。
맛스구 이꾸또 히다리가와니 아리마스

⓯ これは 大阪行きの 列車ですか。
고레와 오-사까유끼노 렛샤 데스까

⓰ いいえ, あの 列車です。
이-에 아노 렛샤데스

⓱ 乗り換えですか。
노리까에데스까

⓲ どこで 乗り換えますか。
도꼬데 노리까에마스까

빠르게 찾고 쉽게 말하는 여행회화! 여러분의 여행을 보다 즐겁고 편안하게 만들어 드립니다!!

❸ 열차 안에서!

❶ 교토까지 몇 시간 걸립니까?

❷ 이 자리 비었습니까?

❸ 이 열차 ~에서 정차합니까?

❹ 얼마간 정차합니까?

❺ 다음 역은 어디입니까?

❻ 지금 어디를 지나고 있습니까?

❼ 정거장을 지나치고 말았습니다.

앗! 단어쌩!

~まで (마데) : ~까지
何時間 (난지깡) : 몇 시간
列車 (렛샤) : 열차

9. 교통수단

❶ 京都まで 何時間 かかりますか。
쿄-또마데 난지깡 카까리마스까

❷ この 席は 空いて いますか。
고노 세끼와 아이떼 이마스까

❸ この 列車は ～に停まりますか。
고노 렛샤와 ～니 도마리 마스까

❹ どのくらい 停車しますか。
도노구라이 테이샤시마스까

❺ 次の 停車駅は どこですか。
쯔기노 테이샤-에끼와 도꼬 데스까

❻ 今 どこを 通って いますか。
이마 도꼬오 토옷떼 이마스까

❼ 停車場を 乗り越いてしまいました。
테이샤죠-오 노리꼬이떼시마이마시따

앗! 단어쨩!

次 (쯔기) : 다음
駅 (에끼) : 역
どこ (도꼬) : 어디

④ 지하철의 이용!

❶ 가장 가까운 지하철 역은 어디입니까?

❷ 표파는 곳은 어디입니까?

❸ 출구는 어디입니까?

❹ 긴자까지 얼마입니까?

❺ 하라주쿠역, 표 한 장 주십시오.

❻ 하얀 선 안쪽으로 물러서 기다려 주십시오.

❼ ~행 발차합니다.

❽ 긴자에 도착하면 알려주십시오.

❾ 다음 역은 어디입니까?

9. 교통수단

❶ 最寄の 地下鉄駅は どこですか。
모요리노 치까테쯔에끼와 도꼬데스까

❷ 切符売り場は どこですか。
깁뿌우리바와 도꼬데스까

❸ 出口は どこですか。
데구찌와 도꼬데스까

❹ 銀座まで いくらですか。
긴자마데 이꾸라데스까

❺ 原宿駅(までの) 切符 ·枚 ください。
하라쥬쿠에끼(마데노) 킵뿌 이찌마이 쿠다사이

❻ 白線の 内側に さがって お待ち ください。
하꾸센노 우찌가와니 사갓떼 오마찌 쿠다사이

❼ ~行き 発車します。
유끼 핫샤시마스

❽ 銀座に 着いたら, 教えて ください。
긴자니 쯔이따라 오시에떼 쿠다사이

❾ 次の 駅は どこですか。
쯔기노 에끼와 도꼬데스까

❺ 버스의 이용! 1.

❶ 버스 정류장은 어디입니까?

❷ 하라주쿠에 가는 버스는 몇 번입니까?

❸ ~가는 버스는 어디에서 탑니까?

❹ 이 버스는 긴자까지 갑니까?

❺ 다음 버스는 몇 시입니까?

❻ 버스는 얼마나 자주 옵니까?

❼ 이 버스는 몇 시에 출발합니까?

❽ 어디서 갈아탑니까?

❾ 무슨 정류장입니까?

9. 교통수단

❶ バス乗り場は どこですか。
바스노리바와 도꼬데스까

❷ 原宿行きの バスは 何番ですか。
하라쥬쿠유끼노 바스와 난방데스까

❸ ～行き バスの 停留所は どこですか。
유끼 바스노 테류죠와 도꼬데스까

❹ この バスは 銀座まで いきますか。
고노 바스와 긴자마데 이끼마스까

❺ 次の バスは 何時に ありますか。
쯔기노 바스와 난지니 아리마스까

❻ バスは 何分ごとに ありますか。
바스와 난뿐고또니 아리마스까

❼ この バスは 何時に 出発しますか。
고노 바스와 난지니 슛빠쯔시마스까

❽ どこで 乗り換えますか。
도꼬데 노리까에마스까

❾ 何の 停留場ですか。
난노 테-류-죠-데스까

빠르게 찾고 쉽게 말하는 여행회화! 여러분의 여행을 보다 즐겁고 편안하게 만들어 드립니다!!

❻ 버스의 이용! 2.

❿ 다음 정거장에서 내립니다.

⓫ 여기서 내려 주십시오.

⓬ 긴자까지 얼마입니까?

⓭ 긴자에서 내려 주십시오.

⓮ 여기가 제가 내려야할 곳인가요?

⓯ 여기에서 버스를 갈아타 주십시오.

⓰ 저기서 기다리십시오.

앗! 단어짱!

停留所 (테-류-죠) : 정거장
おります (오리마스) : 내립니다
ここで (고꼬데) : 여기서

9. 교통수단

❿ つぎの 停留所で おります。
쯔기노 테-류-죠데 오리마스

⓫ ここで 降ろして 下さい。
고꼬데 오로시떼 쿠다사이

⓬ 銀座まで おいくらですか。
긴자마데 오이꾸라데스까

⓭ 銀座で 降して ください。
긴자데 오로시떼 쿠다사이

⓮ ここが おりるところですか。
코코가 오리루토꼬로데스까

⓯ ここで バスを 乗り換えて ください。
고꼬데 바스오 노리까에떼 쿠다사이

⓰ あそこで お待ち ください。
아소꼬데 오마치 쿠다사이

앗! 단어짱!

銀座で (긴자데) : 긴자에서
ここが (코코가) : 여기가
あそこで (아소꼬데) : 저기서

❼ 택시의 이용!

❶ 택시 타는 곳은 어디입니까?

❷ 택시를 불러 주십시오.

❸ 어디로 갈까요?

❹ 여기까지 가 주십시오.

❺ 힐튼호텔로 부탁합니다.

❻ 곧장 가십시오.

❼ 얼마나 걸립니까?

❽ 조금 서둘러 주십시오.

❾ 신호 바로 앞에서 세워 주십시오.

9. 교통수단

❶ タクシ-乗り場は どこですか。
다꾸시-노리바와 도꼬데스까

❷ タクシ-を 呼んで ください。
다꾸시-오 욘데 쿠다사이

❸ どちらまで いかれますか。
도찌라마데 이까레마스까

❹ ここまで 行って ください。
고꼬마데 잇떼 쿠다사이

❺ ヒルトンホテル お願いします。
히루톤호테루 오네가이시마스

❻ まっすぐ 行って ください。
맛스구 잇떼 쿠다사이

❼ どのくらい かかりますか。
도노꾸라이 가까리마스까?

❽ 少し 急いで ください。
스꼬시 이소이데 쿠다사이

❾ 信号の 手前で 止めて ください。
싱고-노 테마에데 도메떼 쿠다사이

빠르게 찾고 쉽게 말하는 여행회화! 여러분의 여행을 보다 즐겁고 편안하게 맞들어 드립니다!!

❽ 렌터카의 이용!

❶ 차를 빌리려고 합니다.

❷ 원하시는 차종이 있으십니까?

❸ 소형차로 주세요.

❹ 이 차종으로 24시간 렌트하겠습니다.

❺ 하루에 얼마입니까?

❻ 요금표를 보여 주십시오.

❼ 선불입니까?

❽ 보험에 들어 두고 싶습니다.

❾ 차를 목적지에서 반납해도 되겠습니까?

9. 교통수단

❶ 車を 借りたいのですが。
  구루마오 카리따이노 데스가

❷ お好みの 車(車種)は ありますか。
  오코노미노 쿠루마(샤슈-)와 아리마스까

❸ 小形(の 車)に してください。
  코가타(노 쿠루마)니 시떼쿠다사이

❹ この 車(種)で 24時間 借りたいです。
  고노 구루마(샤슈-)데 니쥬욘지깐 카리타이 데스

❺ 一日(で) いくらですか。
  이찌니찌(데) 이꾸라데스까

❻ 料金表を 見せて下さい。
  료~낑효~오 미세떼 쿠다사이

❼ 前払いですか。
  마에바라이데스까

❽ 保険に 入って おきたいです。
  호껭니 하잇떼 오끼따이데스

❾ 乗り捨て できますか。
  노리스떼 데끼마스까

❾ 선박의 이용!

❶ 아오모리까지 가는 표를 주십시오.

❷ 갑판좌석을 예약하고 싶습니다.

❸ ~가는 배를 타는 곳은 어디입니까?

❹ 승선시간은 몇 시입니까?

❺ 언제 떠납니까?

❻ 식사는 언제 할 수 있습니까?

❼ 의사를 좀 불러 주시겠습니까?

船 (후네) : 배
乗り場 (노리바) : 타는 곳
乗船時間 (죠센지깐) : 승선시간

9. 교통수단

❶ 青森行き, 一枚ください。
아오모리유끼 이찌마이쿠다사이

❷ 船上の 座席を 予約してください。
센죠-노 자세끼오 요-야꾸시떼쿠다사이

❸ ~行きの 船の 乗り場は どこですか。
유끼노 후네노 노리바와 도꼬 데스까

❹ 乗船時間は 何時ですか。
죠센지깐와 난지데스까

❺ いつ 出発しますか。
이쯔 숫빠쯔시마스까

❻ 食事は いつ できますか。
쇼꾸지와 이쯔 데끼마스까

❼ お医師さんを 呼んでください。
오이샤상오 욘데쿠다사이

앗! 단어쨩!

いつ (이쯔) : 언제
出発 (슛빠쯔) : 출발
医師 (이샤) : 의사

빠르게 찾고 쉽게 말하는 여행회화! 여러분의 여행을 보다 즐겁고 편안하게 만들어 드립니다!!

교통수단 관련 단어!

● 철도 관련용어

철도	鉄道	테쯔도-
차표	切符	깁뿌
열차	列車	렛샤
역	駅	에끼
플랫폼	プラットホーム	프랏토호-무
특실	グリーン	구리-인
편도표	片道切符	가따미찌깁뿌
왕복표	往復切符	오-후꾸깁뿌
도중하차	途中下車	도쮸-게샤
환불	払い戻し	하라이모도시
침대차	寝台車	신다이샤
식당차	食堂車	쇼꾸도-샤
급행(표)	急行(券)	규-꼬-(껭)
지정석	指定席	시떼-세끼
대합실	待合室	마찌아이시쯔
특급	特急	독뀨-
야간열차	夜行列車	야꼬-렛샤

9. 교통수단

침대 위칸	上段寝台	죠-단 신다이
침대 아래칸	下段寝台	게단 신다이
흡연객차	喫煙車	기쯔엔샤
금연객차	禁煙車	킹엔샤
차장	車掌	샤쇼-
급행요금	急行料金	큐-꼬-료-낑

❍ 지하철 이용시의 용어

…선	…線	…센
…행	…行き	…유끼
입구	入口	이리구찌
타는 곳	乗り場	노리바
갈아타기	乗り換え	노리까에
발차	発車	핫샤
매표구	切符売り場	깁뿌우리바
플랫폼	ホーム	호-무
출구	出口	데구찌

교통수단 관련 단어!

표	切符	깁뿌
개찰구	改札口	가이사쯔구찌
도착	到着	도-쨔꾸

● 버스 이용 관련용어

버스	バス	바스
버스 터미널	バス タ-ミナル	바스 타미나루
장거리 버스	長距離バス	쵸-꾜리바스
리무진 버스	リムジンバス	리무진바스
정류장	停留所	테이류-죠
주차장	駐車場	쮸-샤죠-
회수권	回数券	가이스-껭
교통	交通	고-쯔-
출발	出発	슛빠쯔
도착하다	着く	쯔꾸

9. 교통수단

● 택시 관련용어

택시	タクシ-	다쿠시-
요금	料金	료-낑
심야요금	深夜料金	싱야료-낑
택시 타는 곳	タクシ-乗り場	다쿠시-노리바
오른쪽	右	미기
왼쪽	左	히다리
곧장	まっすぐ	맛스구
여기	ここ	고꼬
저기	あそこ	아소꼬
세워 주세요	止めてください	도메떼구다이
돌다	まがる	마가루
신호	信号	싱고-
짐	荷物	니모쯔
거스름돈	おつり	오쯔리

빠르게 찾고 쉽게 말하는 여행회화! 여러분의 여행을 보다 즐겁고 편안하게 만들어 드립니다!!

잠깐! 교통 정보!

✚ 일본의 택시!

일본의 택시요금은 꽤 비싼편입니다. 전국적으로 택시요금이 지정되어 있지만 도쿄는 그보다 조금 더 비쌉니다. 기본요금이 660엔이고, 그후 347m마다 90엔이 추가됩니다. 택시를 이용하려면 택시의 전면 유리창 우측 하단에 붉은 등이 켜 있는 일반택시를 이용하면 됩니다. 녹색등은 30%의 심야 할증료가 계산되고 있음을 나타내며, 황색등은 콜택시를 나타냅니다. 그리고 일본의 택시는 자동문이라는 점도 염두에 두시기 바랍니다.

✚ 일본의 렌터카!

도시지역의 교통혼잡으로 시내관광을 위해 차량을 렌트하는 것은 비효율적입니다. 일본에서 렌터카로 여행하려면 국제운전면허증이 있어야 하고 일본 자동차국에 신고를 해야합니다. 또한 일본은 섬나라이기 때문에 우리나라와 반대로 차량이 좌측 통행이고, 보행이 우측이므로 운전시 주의하여야 합니다. 일본의 렌터카는 대부분 No-Miliage-Limit-System을 채택하고 있으며, 대표적인 렌터카회사는 닛폰(日本)렌터카와 도요다렌터카 회사입니다.

10. 관광하기!

❶ 관광안내소 정보!

ⓐ **여행정보센터(TIC)** : 일본국제관광진흥회(JNTO)에서 운영하고 있는 여행정보센터(TIC)는 외국어에 능통한 여행전문가들이 배치되어 있어, 일본을 여행하는 외국인 관광객에게 교통편을 안내해주고, 무료 팜플릿을 배포하는 등 다양한 서비스를 제공해 줍니다. 이용자는 원하는 도시의 지도와 안내서를 무료로 받을 수 있습니다. 안내시간은 평일 09:00~17:00, 토요일 09:00~12:00입니다. 나리타 공항에는 제2여객 터미널의 도착로비에 있습니다. (☎0476-34-6251), 간사이 국제공항 (☎0724-56-6025)

빠르게 찾고 쉽게 말하는 여행회화! 여러분의 여행을 보다 즐겁고 편안하게 만들어 드립니다!!

관광 정보 및 상식! 1.

ⓑ **ⓘ 안내센터** : TIC 이외에도 JNTO에서는 각지방 안내센터를 통해 ⓘ 안내시스템을 운영하고 있습니다. 62개 도시에 93개의 ⓘ 센터가 운영되고 있는데 역이나 시내 도심에서 쉽게 발견할 수 있습니다.

ⓒ **통역 가이드** : 자격증을 가진 전문 관광가이드의 안내가 필요할 경우는 유명 여행사나 일본 가이드 협회로 문의하십시오. (☎03-3213-2706) 또한 외국인들을 위한 자원 봉사자인 '굿윌 가이드'는 JR역이나 관광안내소 등지에서 도움을 주고 있습니다.

❷ 일본의 전통축제!

일본의 전통축제는 마쓰리라고 하는데 일본전역에서 각 지방에 따라 사계절 펼쳐지고 있습니다. 그리고 일본의 특징으로 신사(神社:진자)나 절을 중심으로 발달한 마을이 수백군데나 있어 신사나 절에서 해마다 제사를 올립니다. 봄에는 진자의 축제가 벌어지는데, 유명한 축제로는 5월 세째주 주말에 개최되는 도쿄의 산자 마쓰리와 닛코의 도쇼구신사의 봉건시대 영주의 행차를 재현한 행렬이 있습니다. 여름에는 7월 17일 교토의 기온 마쓰리 행렬, 8월 7일 센다이의 다나바타 마쓰리와 비슷한 시기에 아오모리와 히로사키에서 개최되는 네부타 마쓰리가 유명합니다. 10월 중순의 나고야시 마쓰리와 10월 22일 교토의 지다이 마쓰리의 불축제, 2월 5일~11일간의 삿포로의 눈축제가 있습니다. 또한 3월 셋째주 토요일에는 오카야마시의 사이다이지절에서 훈도시(팬티)만 걸친 수백명의 젊은이들이 두그루의 신목을 차지하기 위한 쟁탈전이 벌어지는데 꽤나 볼만합니다.

10. 관광하기!

❸ 일본의 국경일!

일본의 주요 국경일과 여행시즌입니다. 이 시기에는 많은 여행객들의 이동으로 철도, 페리, 항공편 및 숙박예약이 초만원을 이루는 시기입니다. 일본여행은 가급적 이 시기를 피하시는 것이 여러모로 좋습니다. 이 시기동안에는 영업을 하지 않는 곳도 많고 특별행사(박람회나 전시회 등)들도 없어 활기찬 일본의 모습을 접하기가 어려울 수 있습니다.

✚ 일본의 국경일

- 1월 1일   신정
- 1월 15일   성인의 날
- 2월 11일   건국기념일
- 3월 20/21일   춘분(春分)
- 4월 29일   녹색의 날
- 5월 3일   헌법기념일
- 5월 4일   국민휴일
- 5월 5일   어린이날
- 7월 20일   바다의 날
- 9월 15일   경로의 날
- 9월 23/24일   추분(秋分)
- 10월 10일   체육의 날
- 11월 3일   문화의 날
- 11월 23일   근로감사의 날
- 12월 23일   천황 탄생일

빠르게 찾고 쉽게 말하는 여행회화! 여러분의 여행을 보다 즐겁고 편안하게 만들어 드립니다!!

관광 정보 및 상식! 2.

일본내의 모든 공공기관과 기업들은 국경일과 일요일에 일하지 않습니다. (박물관은 예외) 공휴일이 일요일과 겹칠 때는 다음 월요일이 휴일이 되며 평일이 공휴일 사이에 올 때는 평일도 공휴일이 됩니다. 이를 샌드위치 휴무라고 합니다.

일본의 연휴 기간은 ● 연말연시 - 12월 27일~1월 4일 및 이를 전후한 주말. ● 골든위크 - 4월 29일~5월 5일 및 이를 전후한 주말. ● 오본, 일본추석 - 8월 15일을 전후로 한 일주일간이 있습니다.

❹ 도쿄의 관광명소!

ⓐ **신주쿠(新宿)** : 신주쿠 동쪽(히가시구치)에는 전자상가와 서점, 고급백화점이 있고, 밤에는 유흥업소들이 불야성을 이루어 낮과 밤의 모습이 화려하게 바뀌는 곳입니다. 특히 신주쿠의 대형 할인 매장은 대부분 면세점이어서 카메라와 소형 전자제품, 시계, AV제품 등을 면세된 가격으로 구입할 수 있습니다. 신주쿠의 명소들로는 스튜디오 알타, 기노쿠니야 서점, 타카시마야 타임 스퀘어, 가부키초, ICC 등이 있습니다.

☞ JR 야마노테 선이나 지하철 신주쿠 선의 신주쿠 역에서 내리시면 됩니다.

10. 관광하기!

ⓑ **하라주쿠(原宿)** : 하라주쿠는 젊은이들의 패션거리로 다케시타 도리를 중심으로 펼쳐져 있습니다. 하라주쿠에는 메이지 천황을 기리는 메이지 진구, 고급스러운 분위기의 카페 거리 오모테산도가 있습니다. 일본의 첨단패션 일번지로 값싼 옷과 악세서리점의 하라주쿠를 꼽는다면, 오모테산도는 유명부티크로 대신 설명할 수 있습니다.

☞ 하라주쿠로 가는 방법은 JR 야마노테선의 하라주쿠 역에서, 오모테산도는 지하철 긴자선의 오모테산도 역에서 하차하시면 됩니다.

ⓒ **긴자(銀座)** : 일본에서 최고의 유명 쇼핑가. 긴자에는 오랜 역사를 지닌 유명 백화점과 상점들이 즐비합니다. 고급상점과 백화점이 긴자의 메인 스드리트인 숭앙로(주오토오리)에 늘어서 있고, 중앙로와 평행되어 있는 뒷길에는 세련되고 아담한 상점과 레스토랑, 바, 다방들이 빼곡히 들어서 있습니다. 유명백화점들로는 와코 백화점과 산아이 백화점, 미쓰코시 백화점, 긴자 코아 백화점이 있습니다. 특히 미쓰코시 백화점은 다양한 상품과 합리적인 가격으로 여행자들이 쇼핑하기에 적당합니다. ☞ 긴자의 중심가 온초메로 가려면 지하철 긴자센을 타고 긴자 역에서 하차하면 됩니다.

ⓓ **도쿄디즈니랜드** : 동경 디즈니랜드는 신데렐라 성을 중심으로 월드바자, 투머로랜드, 판타지랜드, 웨스턴랜드, 어드밴처랜드, 크리터 컨트리로 되어 있습니다. ☞ 가는 방법은 도쿄역에서 JR 게이오선을 타고 마이하마 역에서 내리거나, 직행버스를 이용해 공항이나 도쿄역에서 직접 갈 수 있습니다.

① 관광 안내소!

❶ 관광안내소는 어디에 있습니까?

❷ 곧장 가십시오.

❸ 이 도시의 관광안내지도가 있습니까?

❹ 여행 안내 책자 있습니까?

❺ 교외의 구경거리를 가르쳐 주세요.

❻ 여기가 좋을 겁니다.

❼ 예산은 어느 정도이십니까?

앗! 단어쨩!

まっすぐ (맛스구) : 곧장
地図 (찌즈) : 지도
案内 (안나이) : 안내

10. 관광하기!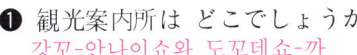

❶ 観光案内所は どこでしょうか。
캉꼬-안나이쇼와 도꼬데쇼-까

❷ まっすぐ 行って ください。
맛스구 잇떼 쿠다사이

❸ この 町の 観光案内地図が ありますか。
고노 마찌노 캉꼬-안나이찌즈가 아리마스까

❹ 旅行案内ブック(本) ありますか。
료꼬-안나이북꾸(홍) 아리마스까

❺ 郊外の 見物を 教えてください。
코-가이노 미모노오 오시에떼쿠다사이

❻ ここが いいでしょう。
고꼬가 이-데쇼-

❼ ご予算は どのくらいですか。
고요상와 도노꾸라이데스까

앗! 단어짱!

郊外 (코-가이) : 교외

見物 (미모노) : 구경거리

予算 (요상) : 예산

❷ 볼거리 관광!

❶ 저는 동경타워를 보고 싶습니다.

❷ 저는 미술관에 가보고 싶습니다.

❸ 온천에 가고 싶은데요.

❹ 이 도시의 구경거리를 가르쳐 주십시오.

❺ 연극을 볼 수 있는 코스가 있습니까?

❻ 한국어를 할 줄 아는 가이드를 부탁합니다.

❼ 몇 시에 출발합니까?

❽ 식사가 포함되어 있습니까?

❾ 유람선은 어디서 탑니까?

10. 관광하기!

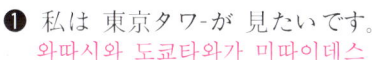

❶ 私は 東京タワ-が 見たいです。
와따시와 도쿄타와가 미따이데스

❷ 私は 美術館へ 行きたいです。
와따시와 비쥬쯔깡에 이끼따이데스

❸ 温泉に 行きたいんですが。
온셍니 이끼따인데스가

❹ この 町の 見どころを 教えて ください。
고노 마찌노 미도꼬로오 오시에떼 쿠다사이

❺ 演劇を 見れる コ-スが ありますか。
엥께끼오~ 미레루 코~스가 아리마스까

❻ 韓国語を 話せるガイドさんを お願いします。
강꼬꾸고오 하나세루 가이도상오 오네가이시마스

❼ 何時に 出発しますか。
난지니 슛빠쯔시마스까

❽ お食事は 含まれていますか。
오쇼꾸지와 후꾸마레떼이마스까

❾ 遊覧船は どこで 乗りますか。
유-란셍와 도꼬데 노리마스까

빠르게 찾고 쉽게 말하는 여행회화! 여러분의 여행을 보다 즐겁고 편안하게 만들어 드립니다!!

❸ 버스로 관광하기!

❶ 한국어 가이드가 있는 관광이 있습니까?

❷ 팜플렛이 있습니까?

❸ 하루(반나절) 관광입니까?

❹ 야간관광이 있습니까?

❺ 요금은 얼마입니까?

❻ 입장료는 포함돼 있습니까?

❼ 어디서 출발합니까?

앗! 단어짱!

ガイド (가이도) : 가이드
パンフレット (팜후렛토) : 팜플렛
日帰り (히가에리) : 하루 짜리, 당일치기

10. 관광하기!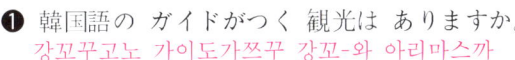

❶ 韓国語の ガイドがつく 観光は ありますか。
강꼬꾸고노 가이도가쯔꾸 강꼬-와 아리마스까

❷ パンフレットは ありますか。
팜후렛토와 아리마스까

❸ それは 日帰り(半日)観光ですか。
소레와 히가에리(한니찌)강꼬-데스까

❹ ナイト観光は ありますか。
나이토강꼬-와 아리마스까

❺ 料金は いくらですか。
료-낑와 이꾸라데스까

❻ 入場料は 含まれて いますか。
뉴-죠-료와 후꾸마레떼 이마스까

❼ どこから 出発しますか。
도꼬까라 슙빠쯔시마스까

앗! 단어짱!

半日 (한니찌) : 반나절

ナイト (나이토) : 야간

入場料 (뉴-죠-료) : 입장료

빠르게 찾고 쉽게 말하는 여행회화! 여러분의 여행을 보다 즐겁고 편안하게 만들어 드립니다!!

❹ 길을 물을 때!

❶ 미안합니다만, 한국대사관은 어디입니까?

❷ 역으로 가는 길을 가르쳐 주십시오.

❸ 유스호스텔은 여기서 멉니까?

❹ 두번째 신호에서 왼쪽으로 돕니다.

❺ 똑바로 가면 됩니까?

❻ 이 거리를 뭐라고 부릅니까?

❼ 저것은 무슨 건물입니까?

❽ 여기에 약도를 그려 주시겠습니까?

❾ 얼마나 걸립니까?

10. 관광하기!

❶ すみませんが、韓国大使館は どちらですか。
스미마셍가 강꼬꾸다이시깡와 도찌라데스까

❷ 駅へ 行く 道を 教えて ください。
에끼에 이꾸 미찌오 오시에떼 쿠다사이

❸ ユ-スホステルは ここから 遠いですか。
유-스호스테루와 고꼬까라 토~이 데스까

❹ 二つ目の 信号を 左に 曲ります。
후따쯔메노 싱고-오 히다리니 마가리마스

❺ まっすぐ 行ったらいいんですか。
맛스구 잇따라이인데스까

❻ この 通りは 何といいますか。
고노 토~리와 난또이이마스까

❼ あの 建物は 何ですか。
아노 타떼모노와 난데스까

❽ ここに 略図を 書いて 下さい。
고꼬니 랴꾸즈오 카이떼 쿠다사이

❾ どの くらい かかりますか。
도노 구라이 가까리마스까

빠르게 찾고 쉽게 말하는 여행회화! 여러분의 여행을 보다 즐겁고 편안하게 만들어 드립니다!!

❺ 길을 잃었을 때!

❶ 여기는 어디입니까?

❷ 저는 길을 잃고 말았습니다.

❸ 현재 위치를 가르쳐 주십시오.

❹ 지도상으로 제가 어디에 있는 건가요?

❺ 힐튼호텔까지 걸어서 갈 수 있습니까?

❻ 여기서 얼마나 멀지요?

❼ 버스로 갈 수 있습니까?

앗! 단어쨩!

道 (미찌) : 길
現在 (겡자이) : 현재
位置 (이찌) : 위치

10. 관광하기!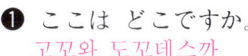

❶ ここは どこですか。
고꼬와 도꼬데스까

❷ わたしは 道に 迷って しまいました。
와따시와 미찌니 마욧떼 시마이마시따

❸ 現在の 位置を 教えて 下さい。
겡자이노 이찌오 오시에떼 쿠다사이

❹ 地図上で わたしは どこに いるのですか。
치즈죠-데 와따시와 도꼬니 이루노데스까

❺ ヒルトンホテルまで 歩いて いけますか。
히루톤호테루마데 아루이떼 이케마스까

❻ ここから どのぐらい かかりますか。
코코까라 도노구라이 카카리마스까

❼ バスで 行けますか。
바스데 이께마스까

앗! 단어짱!

地図上で (치즈죠-데) : 지도상으로
ここから (코코까라) : 여기서
バス (바스) : 버스

관광 관련 단어!

● 관광 용어

관광	観光	강꼬-
명소	名所	메-쇼
사적	史蹟	시세끼
유적	遺蹟	이세끼
교외	郊外	고-가이
박물관	博物館	하꾸부쯔깡
미술관	美術館	비쥬쯔깡
국회의사당	国会議事堂	곡까이기지도-
성	城	시로
식물원	植物園	쇼꾸부쯔엥
동물원	動物園	도-부쯔엥
절	お寺	오테라
공원	公園	고-엥
정원	庭 / 庭園	니와 / 데-엔
수족관	水族館	스이조꾸깡
유원지	遊園地	유-엔찌
연못	池	이께

10. 관광하기!

유람선	遊覧船	유-란셍
케이블카	ケーブルカー	케-부루카-
언덕	丘	오까
축제	おまつり	오마쯔리
도시	都市 / 町	토시 / 마찌
만	湾	왕
반도	半島	한또-
섬	島	시마
산 / 화산	山 / 火山	야마 / 가잔
호수	湖	미즈우미
숲	森	모리
바다	海	우미
폭포	滝	다끼
해안	海岸	카이강
항구	港	미나또
관광안내소	観光案内所	강꼬-안나이쇼
벚꽃놀이	お花見	오하나미
불꽃놀이	花火	하나비
온천	温泉	온셍

빠르게 찾고 쉽게 말하는 여행회화! 여러분의 여행을 보다 즐겁고 편안하게 만들어 드립니다!!

관광 관련 단어!

❍ 관광버스 관련용어

통역	通訳	쯔-야꾸
반나절 관광	小半日観光	고한니찌깡꼬-
당일여행	日帰り旅行	히가에리료꼬-
팜플렛	パンフレット	팜후렛토
수수료	手数料	테스-료-
예약	予約	요야꾸
여행사	旅行代理店	료꼬-다이리뗑
입장료	入場料	뉴-죠-료-

❍ 시내를 다닐 때 필요한 용어

동 / 서	東 / 西	히가시 / 니시
남 / 북	南 / 北	미나미 / 기따
오른쪽	右側	미기가와
왼쪽	左側	히다리가와
우측통행	右側通行	미기가와쯔-꼬
좌측통행	左側通行	히다리가와쯔-꼬

앞 / 뒤	前 / 後ろ	마에 / 우시로
옆	横	요꼬
반대편	向う側	무꼬-가와
길(도로)	道(道路)	미찌(도-로)
가로수길	アベニュ-	아베뉴-
보도 / 차도	歩道 / 車道	호도- / 샤도-
횡단보도	横断歩道	오-단호도-
경찰관	警察	케-사쯔
교회	教会	쿄-까이
사원	寺院	지잉
도서관	図書館	도쇼깡
광장	広場	히로바
공원	公園	코-엥
시장	市場	이찌바
건물	建物	타떼모노
곧장	真直ぐ	맛스구
길을 잃다	道に 迷う	미찌니 마요-
중앙	中央	쮸-오-
돌다	曲る	마가루

❻ 공연물의 관람!

❶ 연극을 보고 싶습니다.

❷ 쑈는 어디서 볼 수 있습니까?

❸ 지금 뭐가 인기가 있습니까?

❹ 오늘 밤에는 무엇을 상영하고 있습니까?

❺ 누가 출연하고 있습니까?

❻ 누가 연주하고 있습니까?

❼ 어떤 내용입니까?

앗! 단어짱!

演劇 (엥게끼) : 연극
ショ- (쇼-) : 쑈
今晩 (곰방) : 오늘 밤

10. 관광하기!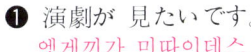

❶ 演劇が 見たいです。
엥게끼가 미따이데스

❷ ショ-は どこで 見れますか。
쇼-와 도꼬데 미레마스까

❸ 今 何が はやって いますか。
이마 나니가 하얏떼 이마스까

❹ 今晩は 何を 上映して いますか。
곰방와 나니오 죠-에-시떼 이마스까

❺ 誰が 出演して いますか。
다레가 슈쯔엔시떼 이마스까

❻ 誰が 演奏して いますか。
다레가 엔소-시떼 이마스까

❼ どんな 内容ですか。
돈나 나이요-데스까

앗! 단어짱!

誰 (다레) : 누구
どんな (돈나) : 어떤
内容 (나이요-) : 내용

빠르게 찾고 쉽게 말하는 여행회화! 여러분의 여행을 보다 즐겁고 편안하게 만들어 드립니다!!

❼ 공연물의 예매!

❶ 표는 어디서 삽니까?

❷ 오늘밤 표가 있습니까?

❸ 관람권은 얼마입니까?

❹ 입장료는 얼마입니까?

❺ 더 싼 좌석은 없습니까?

❻ 통로의 좌석을 부탁합니다.

❼ 이 좌석은 어느 쪽입니까?

❽ 지금 무슨 공연을 하고 있습니까?

❾ 미안합니다. 매진입니다.

10. 관광하기!

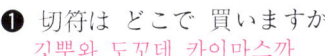

❶ 切符は どこで 買いますか。
깃뿌와 도꼬데 카이마스까

❷ 今晩の 切符が ありますか。
곰반노 깁뿌가 아리마스까

❸ チケットは いくらですか。
치켓토와 이꾸라데스까

❹ 入場料は いくらですか。
뉴-죠-료-와 이꾸라데스까

❺ もっと 安い 席は ありませんか。
못또 야스이 세끼와 아리마셍까

❻ 通路側の 席を お願いします。
쯔-로가와노 세끼오 오네가이시마스

❼ この 座席は どのへんですか。
고노 자세끼와 도노헨데스까

❽ 今 何を やっていますか。
이마나니오 얏떼이마스까

❾ すみません。売り切れました。
스미마셍 우리끼레마시따

빠르게 찾고 쉽게 말하는 여행회화! 여러분의 여행을 보다 즐겁고 편안하게 만들어 드립니다!!

❽ 나이트 클럽!

❶ 나이트 클럽에 가고 싶습니다.

❷ 근처에 디스코텍이 있습니까?

❸ 몇 시에 엽니까?

❹ 입장료는 얼마입니까?

❺ 음료수 값은 별도입니까?

❻ 생연주가 됩니까?

❼ 어떤 종류의 음악을 연주합니까?

❽ 무엇을 마시겠습니까?

❾ 함께 춤추지 않겠습니까?

10. 관광하기!

❶ ナイトクラブに いきたいです。
나이토쿠라부니 이끼따이데스

❷ 近くに ディスコテークが ありますか。
찌까꾸니 디스코테-쿠가 아리마스까

❸ 何時に 開きますか。
난지니 아끼마스까

❹ 入場料は いくらですか。
뉴-죠-료-와 이꾸라데스까

❺ ドリンクだいは 別ですか。
도링쿠다이와 베쯔데스까

❻ 生演奏が 見れますか。
나마엔소-가 미레마스까

❼ どんな 種類の 音楽を 演奏しますか。
돈나 슈루이노 옹가꾸오 엔소-시마스까

❽ お飲みものは どうなさいますか。
오노미모노와 도-나사이마스까

❾ 一緒に 踊りませんか。
잇쇼니 오도리마셍까

❾ 스포츠 즐기기!

❶ 저는 골프를 하고 싶습니다.

❷ 축구 시합을 보고 싶습니다.

❸ 어느 팀들의 시합입니까?

❹ 지금 표를 살 수 있을까요?

❺ 표는 어디서 살 수 있습니까?

❻ 이 근처에서 스키를 탈 수 있습니까?

❼ 스키를 빌리고 싶습니다.

❽ 보트를 빌려 주십시오. .

❾ 자전거 대여는 어디에서 합니까?

10. 관광하기!

❶ わたしは ゴルフが したいです。
와따시와 고루후가 시따이데스

❷ サッカーの 試合が 見たいです。
삭카-노 시아이가 미따이데스

❸ どこと どこの 試合ですか。
도꼬또 도꼬노 시아이데스까

❹ いま チケットが かえますか。
이마 치켓또가 카에마스까

❺ どこで 切符が 買えますか。
도꼬데 깁뿌가 가에마스까

❻ この あたりで スキーが できますか。
코노 아따리데 스키-가 데끼마스까

❼ スキーを かりたいです。
스키-오 카리따이데스

❽ スノーボードを かしてください。
스노-보-도오 카시떼쿠다사이

❾ 自転車レンタルは どこでしますか。
지뗀샤렌타루와 도꼬데시마스까

⑩ 사진찍기!

❶ 여기서 사진을 찍어도 됩니까?

❷ 플래시를 터뜨려도 됩니까?

❸ 사진 좀 찍어주시겠습니까?

❹ 미안합니다만, 셔터 좀 눌러 주십시오.

❺ 여기를 누르면 됩니다.

❻ 한 장 더 부탁합니다.

❼ 나와 함께 찍어 주십시오.

❽ 당신 사진을 찍어도 괜찮겠습니까?

❾ 사진을 보내 드리겠습니다.

10. 관광하기!

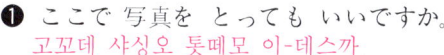

❶ ここで 写真を とっても いいですか。
고꼬데 샤싱오 톳떼모 이-데스까

❷ フラッシュを だいても いいですか。
후랏슈오 다이떼모 이-데스까

❸ 写真を とっていただけますか。
샤신오 톳떼이따다께마스까

❹ すみませんが, シャッタ-を 押して 下さい。
스미마셍가 샷따오 오시떼 쿠다사이

❺ ここを 押すだけです。
고꼬오 오스다께데스

❻ もう 一枚 おねがいします。
모- 이찌마이 오네가이시마스

❼ 私と 一緒に とって 下さい。
와따시또 잇쇼니 톳떼쿠다사이

❽ あなたの 写真を とっても いいですか。
아나따노 샤싱오 돗떼모 이-데스까

❾ しゃしんを 送って あげます。
샤신오 오꿋떼 아게마스

오락 관련 단어!

❍ 연예·오락 관련용어

연극	演劇	엥게끼
영화	映画	에-가
일본무용	日本舞踊	니혼부요-
일본영화	日本映画	니혼에-가
서양영화	洋画	요-가
극장	劇場	게끼죠-
영화관	映画館	에-가깡
입장료	入場料	뉴-죠-료-
지정석(예약좌석)	指定席	시떼-세끼
특별석	特別席	도꾸베쯔세끼
빈자리	空席	구-세끼
대기하다	待期する	다이끼스루
주역	主役	슈야꾸
출연	出演	슈쯔엥
감독	監督	간또꾸
연주	演奏	엔소-
지휘	指揮	시끼

10. 관광하기!

나이트클럽	ナイト クラブ	나이토 구라부
가라오케	空オケ	가라오께
디스코	ディスコ	디스코
무대	ステージ	스테-지
매진	売り切れ	우리끼레

● 스포츠 관련용어

골프	ゴルフ	고루후
수영	水泳	스이에-
풀장	プール	푸-루
테니스	テニス	테니스
낚시	釣り	쯔리
보트	ボート	보-토
사이클링	サイクリング	사이쿠링구
서핑	サーフィン	사-힝
승마	乗馬	죠-바
스케이트	スケート	스케-토

✚ 오락 관련 단어!

등산	登山	도잔
윈드서핑	ウィンドサ-フィン	윈도사-휑
스키	スキ-	스키-
야구	野球	야규-
축구	サッカ-	삭카-

◯ 사진 관련용어

현상	現像	겐조-
인화	やきまし	야끼마시
촬영 금지	撮影禁止	사쯔에-낀시
플래시 금지	フラッシュ禁止	후랏슈낀시
흑백필름	白黒フィルム	시로꾸로휘무
컬러필름	カラ-フィルム	카라-휘루무
건전지	電池	덴찌

11. 사고상황의 대처!

❶ 문제상황의 발생!

해외여행 중에 예기치 않은 사고나 돌발사태가 있을 수 있습니다. 중요한 것은 당황하지 말고 침착하게 대처하는 것입니다. 언어가 제대로 소통되지 않는 상황에서 흥분하고 큰소리로 사정을 외쳐도 도움을 구하긴 결코 쉽지 않습니다. 만약 신변의 위협을 느끼는 상황이라면 주저하지 말고 곧바로 가까운 경찰관이나 경찰서, 대사관 등을 찾으시고, 물건을 도난당하거나 분실했을 때, 또 다쳤을 때는 긴급구조나 경찰서에 즉시 연락을 취하십시오. 특히 보관, 관리에 신경써야 할 것으로는 여권인데 경비와 별도로 깊은 곳에 잘 보관해야 하겠습니다. 비상시, 경찰에 구조 요청을 하려면 공중 전화기의 붉은 버튼을 누르신 후 ☎110번, 앰뷸런스 호출은 ☎119번을 누르십시오.

분실, 도난, 사고?

❷ 분실 도난사고시!

ⓐ 여권을 분실했을 때 :

여권을 분실해 재발급을 받으려면 상당한 시간이 소요됩니다. 전체 여행에 차질을 빚을 수 있으므로 가능한 한 빨리 한국대사관이나 총영사관에 연락한 후 '여행자 증명서'를 발급 받도록 합니다. 여권 및 여행자 증명서를 재발급 받기 위한 구비서류로는 ① 여권 도난 / 분실 증명서 (현지 경찰서에서 발급), ② 일반여권 재발급 신청서 2통, ③ 신분증, ④ 사진 2매, ⑤ 분실한 여권의 번호와 교부일자 등을 준비해야 합니다. 이럴 경우를 대비해 여권 앞면을 복사해서 보관하고 있어야 합니다.

ⓑ 여행자수표를 분실했을 때 :

재발행은 두 번째의 사인을 하지 않은 미사용분만 가능합니다. 재발행을 위해서는 ① 분실증명서(경찰서에서 발급), ② 발행 증명서(구입시 은행에서 준 것), ③ 여권이나 운전면허증 등의 신분증을 지참하고 발행 은행의 현지 지점으로 가시면 됩니다. 아직 사용하지 않은 수표의 번호는 항상 기록해 두도록 합니다.

ⓒ 항공권을 분실했을 때 :

발권 항공사의 대리점으로 가서 재발급 신청을 합니다. ① 항공권번호, ② 발권일자, ③ 구간, ④ 복사본이 있으면 편리하며, 소요시간은 약 1주일정도 걸립니다. 시간이 촉박할 때는 일단 새로 비행기표를 사고, 나중에 환불 받는 방법을 취하도록 하십시오.

11. 사고상황의 대처

ⓓ 크레디트카드를 분실했을 때 :

카드발행회사에 즉시 신고합니다. 카드번호와 유효기간 등은 반드시 따로 메모해 둡니다. 보통 지갑과 함께 잃어버려서 현금과 다른 신분증을 함께 잃어 버리는 경우가 많은데 이를 위해 현금과 카드는 분산해서 소지하고 한국으로부터 송금받을 경우에 대해서도 대비를 하도록 합니다.

ⓔ 배낭 또는 기타 물건을 분실했을 때 :

가방을 분실하거나 도난 당했을 경우, 현지 경찰의 분실증명서를 발급 받아야 합니다. 보험가입자의 경우 귀국 후 보험청구시에 반드시 필요한 서류가 됩니다. 항공기의 운송사고의 경우는 사고보상에 따른 일체를 항공사가 배상합니다.

✚ 약국의 처방!

일본에서는 약국에서 의사의 처방전 없이도 일부 약품을 구입할 수 있으나, 제한적이므로 자신에게 필요한 약이나 구급약품은 한국에서 준비해 가도록 하는 것이 좋습니다. 기본적인 비상약으로 감기약, 진통제, 반창고, 소화제, 배탈 설사를 대비해 '정로환' 정도는 필수적으로 챙겨 준비하도록 합니다.

분실, 도난, 사고?

☎ 위급할 때 필요한 전화번호

경찰 : **110**
분실신고 : **(03)3814-4151**
안내 : **(03)3501-0110**
차량사고 : **(03)3467-1841**
교통사고담당 : **(03)3212-5006**
앰뷸런스 : **119**
병원안내 : **(03)3212-2323**
재팬헬프라인 : **(0120)46-1997**
구급통역서비스 : **(03)5285-8185**

❸ 질병에 대한 대비!

몸이 아파 여행에 차질을 빚게 되는 경우가 종종 있습니다. 최근에는 해외여행시 사고나 질병을 당했을 경우 현지의 병원을 이용할 수 있는 여행자를 위한 보험상품이 나와 있습니다. 여행중의 부상에 대해 다소 걱정을 덜 수 있게 되었습니다. 그럼에도 불구하고 평소에 건강이 좋지 않으신 분은 복용하던 약을 여유분까지 충분히 준비해야 하며, 만성 질환자의 경우는 영문 처방전을 소지하시는 것이 좋습니다. 병원치료 후에는 반드시 영수증을 받아 추후 보험료를 신청하도록 하며, 장기적으로 입원 치료를 받아야 할 사태라면 한국으로 이를 알려 친지의 도움을 구하셔야 하겠습니다. 그밖의 질환은 가능한한 귀국후에

11. 사고상황의 대처

치료를 받도록 합니다. 충분한 의사소통이 이루어지지 않는 상태에서 큰 수술을 내맡기기에는 무리가 따르기 때문입니다. 공항이나 역에는 여행자 구호소가 있으며, 대도시에는 일요일에도 문을 여는 여행자용 병원이 있습니다. 한국인 의사가 있는 병원도 있으므로 한인회나 대사관으로 전화해 도움을 요청하면 됩니다. 도쿄의 병원 안내는 (☎03-3212-2323)이며 일반적으로 병원의 접수창구는 월요일부터 금요일 사이 오전 8시 30분~11시까지 업무를 취급합니다.

✚ 여행자 필수 메모장~!

여권과 비자 :
여권번호, 유효기간, 발행일, 발행지, 해당지역의 한국공관 연락처 (여권사본)

항공권 :
항공권번호, 발행일, 관련항공사의 현지 연락처

여행자수표 :
여행자수표 일련번호, 구입일, 관련 은행 연락처

신용카드 :
카드번호, 발급회사 연락처, 분실신고서(증명서)

❶ 긴급상황 표현!

❶ 사람살려!

❷ 위험해!

❸ 조심하세요!

❹ 나가세요!

❺ 서둘러 주세요.

❻ 불이야!

❼ 도와주세요!

❽ 응급상황이에요.

❾ 경찰을 불러 주세요!

11. 사고상황의 대처

❶ 助けてくれ!
다스께떼꾸레

❷ 危ない!
아부나이

❸ 気を つけてください。
키오 쯔케떼쿠다사이

❹ 出ていってください。
데떼잇떼쿠다사이

❺ 急いで ください。
이소이데 쿠다사이

❻ 火事だ!
카지다

❼ 助けて ください!
다스께떼 쿠다사이

❽ 緊急事態です。
긴큐-지따이데스

❾ 警察を 呼んで ください!
케-사쯔오 욘데 쿠다사이

❷ 분실사고!

❶ 여권을 분실했습니다.

❷ 여행자 수표를 잃어버렸습니다.

❸ 여행자 수표를 도난당했습니다.

❹ 도난증명서를 만들어 주십시오.

❺ 한국어가 가능한 사람을 불러주십시오.

❻ 한국 대사관으로 어떻게 가면 됩니까?

❼ 여권을 재발행하러 왔습니다.

❽ 분실 증명서를 써 주십시오.

❾ 어디선가 소매치기당했습니다.

11. 사고상황의 대처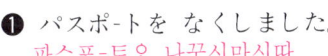

❶ パスポートを なくしました。
파스포-토오 나꾸시마시따

❷ 旅行小切手を なくしました。
료꼬~코깃떼오 나꾸시마시따

❸ トラベラーズチェックを 盗まれました。
도라베라-즈쳇쿠오 누스마레 마시따

❹ 盗難保証明書を 作って 下さい。
도-난쇼-메쇼오 쯔꿋데 쿠다사이

❺ 韓国語が できる 人を 呼んでください。
캉꼬꾸고가 데끼루 히또오 욘데쿠다사이

❻ 韓国大使館へは どうやって 行くのですか。
캉꼬꾸다이시깡에와 도-얏떼 이꾸노데스까

❼ パスポートの 再発行をしていただけますか。
파스포-토노 자이핫코-오 시떼이따다께마스까

❽ 盗難証明書を 書いて ください。
도-난쇼-메-쇼오 카이떼 쿠다사이

❾ どこかで すられました。
도꼬까데 스라레마시따

빠르게 찾고 쉽게 말하는 여행회화! 여러분의 여행을 보다 즐겁고 편안하게 만들어 드립니다!!

❸ 분실신고!

❶ 분실물계는 어디입니까?

❷ 카메라를 잃어버렸습니다.

❸ 차표를 분실했습니다.

❹ 열차에 가방을 잊고 내렸습니다.

❺ 이것이 수표의 번호입니다.

❻ 짐이 하나 모자랍니다.

❼ 수하물 예치증을 가지고 있습니까?

❽ 네, 여기 있습니다.

❾ 발행증명서가 있습니까?

11. 사고상황의 대처

❶ 遺失物係は どこですか。
훈시쯔부쯔가까리와 도꼬데스까

❷ カメラを なくしました。
카메라오 나꾸시마시따

❸ 切符を なくしました。
깁뿌오 나꾸시마시따

❹ 列車に カバンを 忘れました。
렛샤니 가방오 와스레마시따

❺ これが 小切手の 番号です。
코레가 코깃떼노 방고-네스

❻ 荷物が 一つ 足りません。
니모쯔가 히도쯔 다리마셍

❼ クレ-ムタグは ありますか。
쿠레-무타구와 아리마스까

❽ はい, これです。
하이 코레데스

❾ 発行証明書が ありますか。
핫꼬-쇼-메-쇼가 아리마스까

④ 병원의 이용! 1.

❶ 구급차를 불러 주십시오.

❷ 병원에 데려다 주십시오.

❸ 의사를 불러 주십시오.

❹ 어디가 아프십니까?

❺ 여기가 아픕니다.

❻ 머리(위, 이)가 아픕니다.

❼ 오한이 납니다.

❽ 설사를 했습니다.

❾ 감기에 걸렸습니다.

11. 사고상황의 대처

❶ 救急車を 呼んで ください。
큐-뀨-샤오 욘데 쿠다사이

❷ 病院に 連れて 行って ください。
뵤-인니 쯔레떼 잇떼 쿠다사이

❸ お医者さんを 呼んで ください。
오이샤상오 욘데 쿠다사이

❹ どうしましたか。
도-시마시따까

❺ ここが 痛いです。
고꼬가 이따이데스

❻ 頭(胃, 歯)が いたいです。
아따마(이 하)가 이따이데스

❼ 寒けが します。
사므께가 시마스

❽ 下痢を しました。
게리오 시마시따

❾ 風邪を ひいてしまいました。
카제오 히이떼시마이마시따

빠르게 찾고 쉽게 말하는 여행회화! 여러분의 여행을 보다 즐겁고 편안하게 만들어 드립니다!!

❺ 병원의 이용! 2.

❿ 발을 삐었습니다.

⓫ 옆으로 누우십시오.

⓬ 주사를 놓겠습니다.

⓭ 상태가 어떻습니까?

⓮ 수술해야 합니까?

⓯ 입원하지 않으면 안됩니까?

⓰ 휴식(안정)이 필요합니다.

⓱ 몇 일 정도면 완쾌되겠습니까?

⓲ 여행을 계속해도 됩니까?

11. 사고상황의 대처

❿ 足を くじけました。
아시오 구지께마시따

⓫ 横に なって ください。
요꼬니 낫떼 쿠다사이

⓬ 注射を します。
쮸-샤오 시마스

⓭ 調子は いかがですか。(どうですか。)
초-시와 이까가데스까(도-데스까)

⓮ 手術が 必要ですか。
슈쥬쯔가 히쯔요-데스까

⓯ 入院しなければ なりませんか。
뉴-잉시나케레바 나리마셍까

⓰ 休養(安静)が 必要です。
규-요-(안세-)가 히쯔요-데스

⓱ 何日ぐらい 経つと 全快しますか。
난니찌구라이 타쯔또 젱까이시마스까

⓲ 旅行を 続けても よろしいですか。
료꼬-오 쯔즈께떼모 요로시이 데스까

❻ 약국의 처방!

❶ 약국은 어디에 있습니까?

❷ 이 처방전으로 약을 주십시오.

❸ 감기약을 주십시오.

❹ 진통제를 주십시오.

❺ 약은 몇 번 먹습니까?

❻ 처방전이 있습니까?

❼ 처방전은 없습니다.

薬屋 (쿠스리야) : 약국
処方箋 (쇼호-센) : 처방전
薬 (쿠스리) : 약

11. 사고상황의 대처

❶ 薬局は どこに ありますか。
약꾜꾸와 도꼬니 아리마스까

❷ この 処方箋で 薬を 下さい。
고노 쇼호-센데 쿠스리오 쿠다사이

❸ 風邪薬(胃腸薬)を 下さい。
카제쿠스리(이쪼야꾸)오 쿠다사이

❹ 鎮痛剤を ください。
찐쯔-자이오 쿠다사이

❺ 薬は 何回 のみますか。
쿠스리와 낭카이 노미마스까

❻ 処方箋が ありますか。
쇼호-셍가 아리마스까

❼ 処方箋は ありません。
쇼호-센와 아리마셍

앗! 단어쨩!

風邪 (카제) : 감기
鎮痛剤 (찐쯔-자이) : 진통제
何回 (낭카이) : 몇 번

사고상황 관련 단어!

● 분실·도난시 필요한 용어

경찰(서)	警察(署)	케-사쯔(쇼)
도둑	泥棒	도로보-
강도	強盗	고-또-
소매치기	すり	스리
분실하다	紛失する	훈시쯔스루
연락하다	連絡する	렌라꾸스루
유실물 보관소	遺失物係	이시쯔부쯔가까리

● 질병 관련용어

병원	病院	뵤-잉
의사	医者	이샤
간호사	看護婦	강고후
응급처치	応急処置	오-뀨-쇼찌
구급차	救急車	큐-뀨-샤
환자	患者	간쟈
내과 전문의	内科医	나이까이
외과 전문의	外科医	게까이
주사	注射	쮸-샤

11. 사고상황의 대처

수술	手術	슈쥬쯔
진찰	診察	신사쯔
입원	入院	뉴-잉
퇴원	退院	타잉-
심장 / 간장	心臓 / 肝臓	신조- / 간조-
입 / 목구멍	口 / のど	구찌 / 노도
코 / 귀	鼻 / 耳	하나 / 미미
머리	頭	아따마
손 / 팔	手 / 腕	데 / 우데
발 / 다리	足 / 脚	아시 / 아시
등 / 가슴	背中 / 胸	세나까 / 무네
배 / 위	おなか / 胃	오나까 / 이
치아	歯	하
목	首	구비
손목	手首	데꾸비
발목	足首	아시꾸비
어깨	肩	가따
혈압	血圧	게쯔아쯔
맥박	脈拍	먀꾸하꾸
체온 / 열	体温 / 熱	다이옹 / 네쯔
고혈압	高血圧	고-께쯔아쯔
전염병	伝染病	덴셈뵤-

빠르게 찾고 쉽게 말하는 여행회화! 여러분의 여행을 보다 즐겁고 편안하게 만들어 드립니다!!

사고상황 관련 단어!

감기	風邪	가제
폐렴	肺炎	하이엥
천식	喘息	젠소꾸
두통	頭痛	즈쯔-
기침	咳	세끼
재치기	くしゃみ	쿠샤미
현기증	めまい	메마이
설사	下痢	게리
식중독	食中り	쇼꾸아따리
복통	腹痛	후꾸쯔-
궤양	潰瘍	가이요-
소화불량	消化不良	쇼-까후료-
구토	吐き気	하끼께
염증	炎症	엔쇼-
두드러기	じんましん	진마신
변비	便秘	벰삐
골절	骨折	곳세쯔
습포	湿布	십뿌
붕대	包帯	호-따이
치통	歯痛	하이따(시쯔-)
열이 있음	熱が ある	네쯔가 아루
알레르기	アレルギ-	아레루기-
맹장염	盲腸炎	모-쪼-엥

12. 귀국 준비!

❶ 귀국 준비!

여행일정을 마무리 하고 귀국을 준비하는 단계입니다. 먼저 개인짐을 잘 정리해 가방의 부피를 최대한으로 줄이며, 짐의 갯수도 줄이도록 합니다. 그리고 귀국에 필요한 서류들은 다시 한번 확인하고 따로 작은 가방에 넣습니다.

ⓐ **예약 재확인** : 귀국날짜가 정해지면 미리 항공편 좌석을 예약해야 하며, 예약을 이미 해두었을 경우는 출발 예정시간의 72시간 전에 재확인을 해야 합니다. 항공사에 전화해 이름, 편명, 행선지를 말하고 자신의 연락 전화번호를 남기면 됩니다. 성수기 때에는 자칫 재확인을 안해 당일날 좌석을 구하지 못하는 일이 종종 있습니다.

귀국 준비는 이렇게!

ⓑ **하물의 정리** : 출발하기 전에 맡길 짐과 기내에 갖고 들어갈 짐을 나누어 꾸리고 토산품과 현지에서 구입한 물건의 품명과 금액을 리스트에 기재해 둡니다. 물건의 파손이 우려되는 제품은 가급적 직접 운반하는 것이 좋으며, 부피가 클 경우는 짐에 '주의! 파손위험'이라는 스티커를 보딩패스시에 붙여달라고 요구합니다. 그리고 현지에서 산 면세물품 관련 서류를 반드시 챙겨 물건을 꼭 받아 나오도록 합니다.

ⓒ **출국절차** : 최소한 출발 2시간 전까지는 공항에 도착해 미리 체크인하십시오. 동경의 경우 이동시간(우에노에서 나리타 공항까지 1시간 30분)을 고려해 늦어도 3시간 30분 전에는 기차를 타셔야 합니다. 공항에 도착하시면 수하물 검사가 철저하게 진행되기 때문에 상당 시간이 소요될 수 있습니다. 기내휴대 수하물외의 짐은 탁송처리하십시오. 화물은 항공기 탑재 중량을 먼저 유의하셔야 하며, 초과 중량에 대해서는 화물료를 1kg당 따로 지불해야 합니다.

여권, 출입국카드(입국시에 여권에 붙여놓았던 것), 항공권을 제시하면 계원이 출국 카드를 떼내고 비행기의 탑승권을 줍니다. 항공회사의 직원이 체크인과 동시에 출국 심사의 절차도 대행해 주는 셈입니다. 항공권에 공항세가 포함되어 있지 않을 경우에는 출국 공항세를 지불해야 하는 곳도 있습니다. (나리타 2,040엔, 간사이 2,650엔, 기타 공항은 공항세가 없음) 단, 당일 비행기를 갈아타는 경유 탑승객은 공항시설 이용료를 내지 않아도 되며, 만 1세 이하의 유아도 면제됩니다.

12. 귀국 준비!

이것으로 탑승절차, 출국절차는 모두 끝이 납니다. 다음은 보안검색과 기내휴대 수하물의 X선검사를 받고 탑승권에 표시된 탑승 게이트로 가서 대기하시거나 면세품코너에 들러 남은 시간을 보내셔도 될 것입니다. 면세품은 탑승권을 제시하면 면세가격으로 구입이 가능하며, 공항내 상점보다는 수속을 마치고 들어 오신후 그곳의 면세점을 이용하도록 하십시오. 식품을 제외한 서적, 문구류, 선물과 그 밖의 면세품들이 판매되고 있습니다.

✚ **선박의 승선** : 선박은 승선권 예약을 미리 확인해야 하며, 승선 터미널에 도착하여 승선카드를 작성, 승선예약권과 함께 제출하면 승선권이 나옵니다. 시모노세키항은 610엔의 항구세가 있으며 후쿠오카항은 무료입니다.

❷ 한국 도착!

한국에 도착한 후 입국절차는 다음과 같습니다. ⓐ 입국신고서(세관신고서) 작성, ⓑ 검역, ⓒ 입국심사, ⓓ 세관검사의 순으로 진행됩니다. 입국신고서는 출국신고서 작성시에 이미 준비했지만, 없을 경우에는 기내에서 승무원에게 신고서 용지를 요구해서 새로 작성하도록 합니다. 입국절차는 출국절차의 반대로 Q - I - C (**Quarantine, Immigration, Customs**)의 순서로 이루어집니다.

한국입국시 면세 한도
담배 200개피, 궐련 50개피
양주 1병(400$ 이하 짜리)
향수 2온스

❶ 귀국절차!

❶ 예약 재확인을 하고 싶은데요.

❷ 서울에서 예약했습니다.

❸ 6월10일의 KAL30편입니다.

❹ 이름은 ~입니다.

❺ 예약을 변경하고 싶습니다.

❻ 다른 항공회사편을 알아봐 주십시오.

❼ 이 예약을 취소해 주십시오.

앗! 단어짱!

再確認 (사이까꾸닝) : 재확인
ソウル (소우루) : 서울
便 (빈) : ~편

12. 귀국 준비!

❶ 予約の 再確認を したいんですが.
요야꾸노 사이까꾸닝오 시따인데스가

❷ ソウルで 予約しました.
소우루데 요야꾸 시마시따

❸ 6月10日の KAL 30便です.
로꾸가쯔토-까노 카루 산주-빈데스

❹ 名前は ~です.
나마에와 ~데스

❺ 予約を 便更したいです.
요야꾸오 헹꼬-시따이데스

❻ 他の 航空会社の 便を 調べて 下さい.
호까노 코--꾸-가이샤노 빙오 시라베떼 쿠다사이

❼ この 予約を 取り消して 下さい.
고노 요야꾸오 토리케시떼 쿠다사이

앗! 단어쨩!

名前 (나마에) : 이름
便更 (헹꼬-) : 변경
航空会社 (코--꾸-가이샤) : 항공회사

➕ 귀국절차 관련 단어!

◑ 예약 재확인 때 필요한 용어

예약 재확인	予約再確認	요야꾸사이까꾸닝
취소	取消	도리께시
웨이팅	ウエイティング	웨이팅구
변경하다	変更する	헹꼬-스루

✚ 세관통과 상식!

입국 때 모든 짐은 검사가 원칙이나 실제로는 세관신고서에 의한 자진신고제를 운영하고 있습니다. 세관검사에 필요한 서류는 여권과 세관신고서입니다. 신고할 물품이 있으면 기재를 합니다만 면세품의 경우는 구두로 신고해도 됩니다. 과세 대상품에 대해서는 세관원이 세액을 산출하여 지불용지를 작성해 줍니다. 세금지불 창구는 검사대를 나오면 그 앞에 있습니다. 지불할 돈이 모자라거나 없을 땐 일단 물건을 세관에 예치하고 나중에 찾아 가도록 합니다. 현재 술, 담배, 향수 이외의 물건은 해외 취득 가격 합계 400달러까지 면세됩니다. 특별히 신고할 물건이 없으면 우선 녹색심사대를 통해 통과가 가능하지만 만약 미기재된 물품이나 신고한 금액을 초과한 물품에 대해서는 별도의 관세가 부과되며, 반입금지 물품(마약류, 총기류 등)에 대해서는 형사처벌을 받게 됩니다. 그리고 남의 짐을 잠시 맡아 주는 등의 도움이 자칫 밀수, 불법반입으로 악용되는 경우들이 있기에 특별히 주의가 필요합니다.

비지니스 일어회화!

❶ 비지니스의 시작!

일본인과 첫대면할 때, 인사하는 방법은 매우 중요합니다. 이상적인 인사법은 다음의 ❶, ❷, ❸입니다.

❶ 가장 정중한 형태의 인사는 상체를 45도 각도로 깊이 숙여 하는 인사이며, 첫 대면이나 상사 혹은 손님께 드리는 인사법입니다.

❷ 보통의 인사는 30도 정도로 숙이면서 하는데 주로 감사의 표시를 전할 때 사용합니다.

❸ 가벼운 인사는 15도 정도로 숙이면서 하는데 주로 동료들 사이에 하게 됩니다.

비지니스 회화, 기본에서 계약의 성공까지! 여러분의 출장을 확실하게 도와드립니다!

기본 회화에서 계약 성공까지!
비지니스 회화!
Business Japanese

❷ 명함의 교환!

(1) 명함을 줄 때는!

상대가 쉽게 볼 수 있도록 방향을 돌려서 주며, 두 손으로 천천히 건넵니다. 이때 자신의 소속과 이름을 또박또박 말하면서 목례를 합니다. 명함은 먼저 주는 것이 예의입니다. 한국말에 익숙하지 않은 사람들을 위해 명함의 내용을 설명해 주어도 좋습니다.

(2) 명함을 받을 때는!

명함을 받을 때는 공손하게 두 손으로 이름이 적혀 있지 않은 양쪽 여백을 쥐면서 받습니다. 명함을 받을 때는 정중하게 목례를 합니다. 명함을 받으면 바로 집어넣지 말고 상대의 이름을 반드시 확인합니다.

(3) 명함을 교환한 다음!

받은 명함은 바로 지갑에 넣지 말고 테이블 깨끗한 곳에 올려놓아야 합니다. 올려 놓고 명함을 보도록 합니다. 상대의 명함을 소중하게 다루어야 하며, 오물을 묻히거나, 접거나, 메모를 하거나, 바닥에 떨어뜨리는 것은 큰 실례입니다. 명함의 내용이나 이름을 다시 물어 보는 것은 괜찮습니다.

특별 부록 비지니스 회화!

비지니스의 시작!

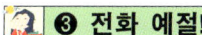
❸ 전화 예절!

(1) 전화를 받을 때!

전화는 얼굴을 보지 않고 목소리로만 상대하는 것이기에 더더욱 주의가 필요합니다. 일본인과의 전화통화는 각별한 예절이 필요합니다. 먼저 전화가 오면 보통 전화벨이 3~4회 울리기 전에 받도록 합니다. 지체되었을 경우에는 기다리시게 해서 죄송하다는 말을 먼저 해야 합니다. 다음은 회사명, 부서명, 본인의 이름순으로 수신자의 신분을 정확히 말해줍니다. 그리고 상대가 자신의 신분을 밝히면, 그대로 반복해서 전화 건 사람의 소속과 이름을 확인하고 인사를 합니다. 이때 수화기는 왼손으로 들고, 오른손은 메모 가능한 위치에 가져다 놓습니다. 통화가 끝나면 상대가 먼저 끊은 것을 확인한 다음에 끊어야 하며, 전화기는 조용히 내려놓습니다.

(2) 전화를 걸 때!

전화를 걸기 전에는 먼저 용건을 간단하게 정리하고, 필요한 서류와 메모는 전화기 옆에 미리 준비를 해 둡니다. 상대가 전화를 받으면 회사명, 부서명, 이름 순으로 신분을 밝히고 (상대의 대답을 들은 후에) 인사를 하도록 합니다. 전화는 건 쪽에서 먼저 끊는 것이 예의이며, 수화기는 조용히 내려놓도록 합니다. 목소리는 너무 크지 않게 말하며, 말하는 속도 또한 너무 빠르지 않도록 합니다. 통화의 감이 좋지 않으면 이쪽에서 다시 걸어서 상대가 불쾌감을 느끼지 않도록 배려해야 합니다. 너무 시끄러운 곳에서의 전화는 피해야 합니다.

비지니스 회화, 기본에서 계약의 성공까지! 여러분의 출장을 확실하게 도와드립니다!

기본 회화에서 계약 성공까지!
비지니스 회화!

❶ 무슨 용건이세요?

❷ 대표이사님과 약속하고 왔습니다.

❸ 판매부 책임자를 만나고 싶습니다.

❹ 그는 오늘 쉬는 날입니다.

❺ 시간이 되시는 지 알아보겠습니다.

❻ 타나까 씨는 지금 회의 중입니다.

❼ 제가 오래 기다리게 했습니까?

❽ 오늘 오후에 사무실로 와주시겠습니까?

❾ 나중에 다시 찾아뵙겠습니다.

특별 부록 비지니스 회화!

❶ 방문객을 맞을 때!

❶ ご用件お どうぞ。
고요-껜오 도-조

❷ 代表理事との お約束で まいりました。
다이효-리지또노 오야꾸소꾸데 마이리마시따

❸ 販売部の 責任者に お会いしたいです。
함바이부노 세끼닌샤니 오아이시따이데스

❹ 本日, 彼は お休みしております。
혼지쯔 카레와 오야스미시떼오리마스

❺ 時間が とれるか どうか しらべてみます。
지깡가 토레루까 도-까 시라베떼미마스

❻ 田中さんは ただいま 会議 中です。
타나까상와 타다이마 카이기 추-데스

❼ たいへん ながく お待たせいたしました。
타이헨 나가꾸 오마따세이따시마시따

❽ 今日の 午後に 事務室に きていただきますか。
쿄-노 고고니 지무시쯔니 키떼이따다끼마스까

❾ 後ほどに, また おうかがいいたします。
노찌호도니 마따 오우까가이이따시마스

비지니스 회화, 기본에서 계약의 성공까지! 여러분의 출장을 확실하게 도와드립니다!

기본 회화에서 계약 성공까지!
비지니스 회화!

❶ 처음 뵙겠습니다.

❷ 이번 프로젝트의 책임자입니다.

❸ 어느 부서에서 근무하십니까?

❹ 수출과에서 근무하고 있습니다.

❺ 영업부의 朴이라고 합니다.

❻ (부디) 잘 부탁드립니다.

❼ 일은 어떠십니까?

❽ 덕분에 잘 돼 갑니다.

❾ 그 쪽은 어떠십니까?

특별 부록 비지니스 회화!

❷ 인사할 때!

❶ はじめまして。
하지메마시떼

❷ 今度の プロゼクトの 責任者です。
콘도노 프로제끄또노 세끼닌샤데스

❸ どちらの部署に お勤めですか。
도찌라노부쇼니 오쯔또메데스까

❹ 輸出課に 勤めております。
유슈쯔까니 쯔또메떼오리마스

❺ 営業部の 朴と 申します。
에-교-부노파꾸또 모-시마스

❻ どうぞ よろしく お願いいたします。
도-죠 요로시꾸 오네가이이따시마스

❼ お仕事の方は いかがですか。
오시고또노호-와 이까가데스까

❽ おかげさまで、うまく 行っております。
오까게사마데 우마꾸 잇떼오리마스

❾ そちらは いかがですか。
소찌라와 이까가데스까

비지니스 회화, 기본에서 계약의 성공까지! 여러분의 출장을 확실하게 도와드립니다!

기본 회화에서 계약 성공까지!

비지니스 회화!

❶ 저희 회사는 2000년에 창립했습니다.

❷ 저희 회사는 벤처기업입니다.

❸ 저희 회사는 유통업을 하고 있습니다.

❹ 세계 5개국과 거래를 하고 있습니다.

❺ 지점은 몇 개나 됩니까?

❻ 우리는 15개의 지사를 가지고 있습니다.

❼ 주요상품들은 무엇입니까?

❽ 컴퓨터 부품을 생산하고 있습니다.

❾ 국제인증을 가지고 있습니까?

특별 부록 비지니스 회화!

❸ 회사를 소개할 때!

❶ 弊社は 2000年に 創立しました。
헤-샤와 니센넨니 소-리쯔시마시따

❷ 弊社は ベンチャー 企業です。
헤-샤와 벤쨔-기교-데스

❸ 弊社は 流通業を しております。
헤-샤와 류-쯔-교-오 시떼오리마스

❹ 世界 5ヵ国と 取引を して おります。
세까이 고까코꾸또 토리히게오 시떼오리마스

❺ 支店は 何個所ぐらい ありますか。
시뗀와 난까쇼구라이 아리마스까

❻ 弊社は 15個所の 支社を もっています。
헤-샤와 쥬-고까쇼노 지샤오 못떼이마스

❼ 主な 商品は 何ですか。
오모나 쇼-힝와 난데스까

❽ コンピューターの 部品を 生産しております。
콤퓨-타-노 부힝오 세-산시떼오리마스

❾ 国際認証を お持ちですか。
코꾸사이닌쇼-오 오모찌데스까

비지니스 회화, 기본에서 계약의 성공까지! 여러분의 출장을 확실하게 도와드립니다!

기본 회화에서 계약 성공까지!

비지니스 회화!

❶ 교환번호 305번 대주시겠어요?

❷ 마케팅부의 사토씨와 통화할 수 있을까요?

❸ 사토 씨는 지금 통화중입니다.

❹ 사토 씨는 지금 자리에 안 계신데요.

❺ 5분 후에 다시 전화해 주시겠어요?

❻ 사쿠마씨와 어떻게 연락할 수 있을까요?

❼ 123-4321로 연락 할 수 있으십니다.

❽ 전화해 달라고 전해 주십시오.

❾ 부장님께도 안부 전해 주세요.

특별 부록 비지니스 회화!

❹ 전화 통화시에!

❶ 交換番号 305番に つないで くださいますか.
코-깐방고 산마루고방니 쯔나이데 쿠다사이마스까

❷ マ-ケティング部のさとうさんと お話できますか.
마-케팅구부노 사토-상또 오하나시데끼마스까

❸ さとうさんは ただいま お話中です.
사토-상와 타다이마 오하나시쮸-데스

❹ さとうさんは いま 席を はずしております.
사토-상와 이마 세끼오 하즈시떼오리마스

❺ 5分後に もう 一度かけなおして いただけますか.
고훈고니 모-이찌도카케나오시떼 이따다께마스까

❻ さくまさんと 連絡を とれる方法は ありませんか.
사쿠마상또 렌라꾸오 토레루호-호-와 아리마셍까

❼ 123-4321に 連絡して ください.
이찌니상노 욘상니이찌니 렌라꾸시떼 쿠다사이

❽ お電話してくださるようにと おつたえください.
오뎅와시떼쿠다사루요-니또 오쯔따에쿠다사이

❾ 部長にも よろしく お伝えください.
부쪼-니모 요로시꾸 오쯔따에쿠다사이

비지니스 회화, 기본에서 계약의 성공까지! 여러분의 출장을 확실하게 도와드립니다!

기본 회화에서 계약 성공까지!
비지니스 회화!

❶ 귀사의 신제품을 보여주실 수 있습니까?

❷ 시범설명을 해드릴께요.

❸ 얼마동안 품질 보증이 됩니까?

❹ 이 제품은 3년간 보증하겠습니다.

❺ 단위당 가격은 얼마입니까?

❻ 단위당 270달러입니다.

❼ 가격은 수량에 따라 달라집니다.

❽ 이것이 최저가격인가요?

❾ 지불조건에 대해 알고 싶습니다.

특별 부록 비지니스 회화!

비지니스

❺ 상담할 때!

❶ 貴社の新製品を 拝見させて ください。
   키샤노신세-힝오 하이켄사세떼 쿠다사이

❷ 使い方に ついて ご説明いたします。
   츠까이 카따니 츠이떼 고세쯔메-이따시마스

❸ どのぐらい 品質の 保証が できますか。
   도노구라이 힌시쯔노 호쇼-가 데끼마스까

❹ この 製品は 3年間 保証いたします。
   코노 세-힌와 산넨깡 호쇼-이따시마스

❺ 単価は いくらですか。
   탄까와 이꾸라데스까

❻ 単位ごと 270ドルです。
   탄이고또 니햐꾸나나쥬-도루데스

❼ 価格は 数量に したがって 異なります。
   카가꾸와 스-료-니 시따갓떼 고또나리마스

❽ これが 最低価格ですか。
   코레가 사이테-카가꾸데스까

❾ 支払条件に ついて 知りたいんですが。
   시하라이죠-껭니 쯔이떼 시리따인데스가

비지니스 회화, 기본에서 계약의 성공까지! 여러분의 출장을 확실하게 도와드립니다!

기본 회화에서 계약 성공까지!
비지니스 회화!

❶ 샘플을 보여 드리겠습니다.

❷ 그 제품의 재고가 있습니까?

❸ 귀사의 제품을 주문하고 싶습니다.

❹ 얼마나 주문하실 겁니까?

❺ 귀사의 제품 30,000개를 주문하고 싶습니다.

❻ 주문을 변경하고 싶습니다.

❼ 계약서를 작성합시다.

❽ 계약서 받으셨나요?

❾ 언제 대금을 송금해 주실 건가요?

특별 부록 비지니스 회화!

❻ 계약, 주문을 할 때!

❶ サンプル(見本)を お見せいたします。
삼뿌루(미홍)오 오미세이따시마스

❷ その 製品の 在庫は ありますか。
소노 세-힝노 자이코와 아리마스까

❸ 貴社の 製品を 注文したいです。
키샤노 세-힝오 추-몬시따이데스

❹ どのぐらいの 量を ご注文なさいますか。
도노구라이노 료-오 고추우몬나사이마스까

❺ 貴社の 製品 30,000個を 注文したいです。
키샤노 세-힝 상만꼬오 츄우몬시따이데스

❻ 注文を 変更したいです。
츄우몬오 헨꼬-시따이데스

❼ 契約書を 作成しましょう。
케- 야꾸쇼-오 사꾸세-시마쇼-

❽ 契約書は お受け取りましたか。
케-야꾸쇼와 오우께토리마시따까

❾ 代金の お支払は いつごろ 願えますか。
다이낑노 오시하라이와 이쯔고로 네가에마스까

비지니스 회화, 기본에서 계약의 성공까지! 여러분의 출장을 확실하게 도와드립니다!

부록 필수 단어 사전!

✤ 숫자세기

1	いち	이찌
2	に	니
3	さん	상
4	し, よん	시, 용
5	ご	고
6	ろく	로꾸
7	しち, なな	시찌, 나나
8	はち	하찌
9	きゅう, く	규-, 구

부록 필수 단어 사전!

❖ 숫자세기

10	じゅう	쥬-
11	じゅういち	쥬-이찌
12	じゅうに	쥬-니
13	じゅうさん	쥬-상
14	じゅうよん	쥬-용
15	じゅうご	쥬-고
16	じゅうろく	쥬-로꾸
17	じゅうしち	쥬-시찌
18	じゅうはち	쥬-하찌
19	じゅうきゅう	쥬-뀨-
20	にじゅう	니쥬-
30	さんじゅう	산쥬-
40	よんじゅう	욘쥬-
50	ごじゅう	고쥬-
60	ろくじゅう	로꾸쥬-
70	しちじゅう	시찌쥬-
80	はちじゅう	하찌쥬-
100	ひゃく	햐꾸
1,000	せん	셍

꼭! 꼭! 꼭! 필요한 단어들을 내용별로 정리한 사전입니다!

Basic Japanese Dictionary

❤ 수와 순서세기

하나	ひとつ	히또쯔
둘	ふたつ	후따쯔
셋	みっつ	밋쯔
넷	よっつ	욧쯔
다섯	いつつ	이쯔쯔
여섯	むっつ	뭇쯔
일곱	ななつ	나나쯔
여덟	やっつ	얏쯔
아홉	ここのつ	고꼬노쯔
열	とお	도-

첫째	一番(目)	이찌밤(메)
둘째	二番(目)	니밤(메)
셋째	三番(目)	삼밤(메)
넷째	四番(目)	욤밤(메)
다섯째	五番(目)	고밤(메)
여섯째	六番(目)	로꾸밤(메)
일곱째	七番(目)	나나밤(메)
여덟째	八番(目)	하찌밤(메)
아홉째	九番(目)	규-밤(메)
열째	番(目)	쥬-밤(메)

부록 필수 단어 사전!

❖ 물건의 세기

1층	一階	익까이
2층	二階	니까이
3층	三階	상까이
4층	四階	용까이
5층	五階	고까이
6층	六階	록까이
7층	七階	나나까이
한 장	1枚	이찌마이
두 장	2枚	니마이
세 장	3枚	삼마이
네 장	4枚	욤마이
다섯 장	5枚	고마이
여섯 장	6枚	로꾸마이
일곱 장	7枚	나나마이
여덟 장	8枚	하찌마이
한 권	1冊	잇사쯔
두 권	2冊	니사쯔
세 권	3冊	산사쯔
네 권	4冊	욘사쯔
다섯 권	5冊	고사쯔
여섯 권	6冊	로꾸사쯔
일곱 권	7冊	나나사쯔

꼭! 꼭! 꼭! 필요한 단어들을 내용별로 정리한 사전입니다!

Basic Japanese Dictionary

❤ 시간과 날짜

1시 / 1시간	1時 / 1時間	이찌지/이찌지깡
2시 / 2시간	2時 / 2時間	니지/니지깡
3시 / 3시간	3時 / 3時間	산지/산지깡
4시 / 4시간	4時 / 4時間	요지/요지깡
5시 / 5시간	5時 / 5時間	고지/고지깡
6시 / 6시간	6時 / 6時間	로꾸지/로꾸지깡
7시 / 7시간	7時 / 7時間	시찌지/시찌지깡
10시 / 10시간	10時 / 10時間	쥬-지/쥬-지깡
10분	10分	집뽕
15분	15分	쥬-고훙
20분	20分	니집뽕
30분	30分 / 半	산집뽕/항
45분	45分	욘주-고훙

아침	朝	아사
낮	お昼	오히루
저녁	夕方	유-가따
밤	晩, 夜	방, 요루
오늘	今日	교-
내일	明日	아시따
모레	後明日	아삿떼
어제	昨日	기노-
매일	毎日	마이니찌
그저께	一昨日	오또또이
오전	午前	고젠
오후	午後	고고

부록 필수 단어 사전!

❣ 일(日)

1일	1日	쯔이따찌
2일	2日	후쯔까
3일	3日	믹까
4일	4日	욕까
5일	5日	이쯔까
6일	6日	무이까
7일	7日	나노까
8일	8日	요-까
9일	9日	고꼬노까
10일	10日	도-까
11일	11日	쥬-이찌니찌
12일	12日	쥬-니니찌
13일	13日	쥬-산니찌
14일	14日	쥬 욕까
15일	15日	쥬-고니찌
16일	16日	쥬-로꾸니찌
17일	17日	쥬-시찌니찌
⋮		
20일	20日	하쯔까
21일	21日	니쥬-이찌니찌
⋮		
24일	24日	니쥬-욕까
25일	25日	니쥬-고니찌
⋮		
30일	30日	산쥬-니찌
31일	31日	산쥬-이찌니찌

꼭! 꼭! 꼭! 필요한 단어들을 내용별로 정리한 사전입니다!

Basic Japanese Dictionary

♣ 요일과 월

일요일	日曜日	니찌요-비
월요일	月曜日	게쯔요-비
화요일	火曜日	가요-비
수요일	水曜日	스이요-비
목요일	木曜日	모꾸요-비
금요일	金曜日	깅요-비
토요일	土曜日	도요-비
이번주	今週	곤슈-
다음주	来週	라이슈-
지난주	先週	센슈-
매주	毎週	마이슈-
주일	週日	슈-지쯔
주말	週末	슈-마쯔
1월	一月	이찌가쯔
2월	二月	니가쯔
3월	三月	상가쯔
4월	四月	시가쯔
5월	五月	고가쯔
6월	六月	로꾸가쯔
7월	七月	시찌가쯔
8월	八月	하찌가쯔
9월	九月	구가쯔
10월	十月	쥬-가쯔
11월	十一月	쥬-이찌가쯔
12월	十二月	쥬-니가쯔

부록 필수 단어 사전!

❤ 월과 계절

이번달	今月	공게쯔
다음달	来月	라이게쯔
지난달	先月	셍게쯔
매월	毎月	마이게쯔
월말	月末	게쯔마쯔
봄	春	하루
여름	夏	나쯔
가을	秋	아끼
겨울	冬	후유

❤ 가족관계

소년 / 소녀	少年 / 少女	쇼-넹 / 쇼-죠
남자 / 여자	男 / 女	오또꼬 / 온나
아기	赤ん坊	아깜보-
어린이	子供	고도모
아버지 / 어머니	父 / 母	찌찌 / 하하
부모	親	오야
아들 / 딸	息子 / 娘	무스꼬 / 무스메
남편	主人	슈징
아내	家内(妻)	가나이(쯔마)

꼭! 꼭! 꼭! 필요한 단어들을 내용별로 정리한 사전입니다!

Basic Japanese Dictionary

♥ 가족관계

형제	兄弟	쿄-다이
자매	姉妹	시마이
조카	甥	오이
삼촌 / 숙모	おじ / おば	오지 / 오바
할아버지 / 할머니	祖父 / 祖母	소후 / 소보
형 / 누나	兄 / 姉	아니 / 아네
남동생	弟	오또-또
여동생	妹	이모-또

♥ 색깔

빨간색	赤	아까
흰색	白	시로
노란색	黄	기이로
파란색	青	아오
검은색	黒	구로
초록색	緑	미도리
분홍색	桃色	모모이로
자주색	紫	무라사끼
갈색	茶色	쟈이로
회색	灰色	하이이로

부록 필수 단어 사전!

❖ 나라, 국민, 언어

한국	韓国	강꼬꾸
한국인	韓国人	강꼬꾸징
한국어	韓国語	강꼬꾸고
일본	日本	니홍
일본인	日本人	니혼징
일본어	日本語	니홍고
중국	中国	쮸-고꾸
중국인	中国人	쮸-고꾸징
중국어	中国語	쮸-고꾸고
미국	米国	베이꼬꾸
미국	アメリカ	아메리까
미국인	米国人	베이꼬꾸징
영국	英国	에이꼬꾸
영국인	英国人	에이꼬꾸징
영어	英語	에이고
독일	ドイツ	도이쯔
독일인	ドイツ人	도이쯔징
독일어	ドイツ語	도이쯔고
프랑스	フランス	후란스
프랑스인	フランス人	후란스징
프랑스어	フランス語	후란스고

꼭! 꼭! 꼭! 필요한 단어들을 내용별로 정리한 사전입니다!

Step by step!

1. 목적지 공항도착!
목적지 공항에 도착하면 짐을 잘 챙겨서 내립니다. 입국심사서는 미리 준비하세요!

Step 1

2. 도착 출구통과!
'Arrival' 이라고 써진 출구를 찾아 통과합니다.

Step 2

✚ **잠깐만요!**
여권! 입국심사서! 항공권! 수하물표!를 잘 챙겨서 나가십시오!

Departure

5
C.I.Q!
출국장으로 들어가면 ❶ 세관검사, ❷ 보안검색, ❸ 출국심사가 차례로 이어집니다! 계속 앞으로 앞으로!

6
탑승게이트로 이동!
탑승권에 표시된 탑승구로 이동합니다. '탑승시간'을 반드시 엄수하여야 합니다!!!

✚ **잠깐만요!**
시간적 여유가 있다면 면세점에서 쇼핑을 하셔도 좋겠습니다.

출국수속 따라잡기!

공항에서의 출국수속은 다음과 같이 진행됩니다.

❶ 공항도착!

❷ 항공사데스크 체크인!

❸ 공항이용권 구입!

❹ 환전!

❺ 비행기 탑승수속!
|세관신고|, |보안검색|, |출국심사|

❻ 탑승 게이트로 이동!

❼ 탑승!

✚ 비행기 출발 30분 전에는 탑승게이트 대기실에 도착해 있어야 합니다!

© Copyright 2002 by Shin Na Ra.

All rights reserved.
No part of this book may be reproduced,
without the written permission of
the copyright owner.

주머니속의 여행 일본어
지은이 * 신지민
펴낸이 * 남병덕
펴낸곳 * 신나라
연구편집 * 박세영.김현경
　　　　　大平 明日香, 李善宇
2018년 11월 30일 개정5쇄 발행

등록 * 1991년 10월 14일
등록번호 * 제 2016-344호
주소 * 서울 마포구 독막로28길
　　　　63-4 . 304호
T.02) 6735-2100　　F.6735-2103

\- - - - - - - - - - - - - - - -

* 정가는 표지에 표시!